KB121321

센스 있는 말 한마디

# 센스있는 말 한마디

**1판 1쇄 발행** | 2019년 10월 10일
**1판 7쇄 발행** | 2024년 5월 20일

**저 자** | 브루스 패튼
**편역자** | 김주영
**펴낸이** | 이현순

**펴낸곳** | 백만문화사
**주소** | 서울특별시 마포구 토정로 214
**대표전화** | (02) 325-5176
**팩스** | (02) 323-7633
**신고번호** | 제2013-000126호
**홈페이지** | www.bm-books.com
**이메일** | bmbooks@naver.com
Translation Copyright©2019 by BAEKMAN Publishing Co.
Printed & Manufactured in Seoul, Korea

ISBN 979-11-89272-16-6(03320)
값 14,000원

말 잘하는 것보다 센스 있는 말

# 센스있는 말 한마디

브루스 패튼 | 김주영 편역

백만문화사

# 머리말

## 센스 있는 말 한마디가 인생을 결정한다

말은 역사를 만들었다. 말로 인해 사상이 생겼고 전쟁이 시작되었으며, 사람들은 부자가 되기도 하고 유명해지기도 했다. 그리고 말은 상처를 입히고 충격을 준다. 또 상처를 치유하고 영혼을 움직인다. 때로는 무언가를 사게 만들 수 있고, 그냥 지나치게 만들 수도 있다. 이처럼 말로 인해서 삶은 더 좋아질 수도 더 나빠질 수도 있다.

솔로몬 왕은 "죽음과 삶은 혀의 힘 안에 있다."고 했으며, 펜이 창보다 강하다는 말도 있다. 말은 강력한 힘을 발휘할 뿐만 아니라 영원히 지워지지 않는 충격을 남길 수도 있다.

말은 자신의 감정과 욕구를 나타내고 상대방이 원하는 것이 무엇인지 파악하여 서로 의사를 주고받는 중요한 수단이다. 따라서 말은 인생을 좌우하는 결정적 수단이다.

현대인은 매일매일 많은 사람들과 접촉하면서 이야기를 나누고 상담도 하면서 생활하고 있다. 말은 대화를 나누는 상대와의 인간관계를 성숙하게 끌어올리기도 하는 촉매제 역할을 하지만 반대로 더 이

센스있는 말 한마디

상의 관계를 지속할 수 없게 만드는 무기가 되기도 한다.

말을 잘 하면 인간관계를 원만하게 하여 사업을 성공적으로 이끌고 인생을 성공적으로 보내게 한다. 말을 잘한다는 것은 입놀림을 잘하는 것을 말하는 것이 아니다. 말을 잘한다는 것은 인간관계를 더욱 성숙하게 만드는 현명한 처세의 수단이 된다.

말을 어떻게 하느냐 하는 것은 어떤 인생을 살아가느냐 하는 문제와도 직결된다. 말은 그 사람의 품위와 인격을 나타내는 방법이기 때문에 말을 어떻게 하느냐에 따라 인간관계를 발전시킬 수 있고 인생이 달라질 수 있다.

우리는 살아가면서 말의 묘한 뉘앙스 때문에 크고 작은 오해를 받기도 하고 갈등을 겪기도 한다. 또 말 한마디로 인해서 위축되었던 마음이 새로운 힘과 용기를 얻기도 한다. 따라서 이왕에 하는 말이라면 상대방을 기분 좋게 더 나아가서 힘이 솟아나게 하는 말할 줄 아는 센스가 필요하다.

센스란 어떤 것을 이해하고 판단하는 능력을 말한다. 한마디로 말해서 분별력이다. 센스 있는 말을 하면 상대에게 강한 인상을 심어 주며, 실망한 사람에게 희망을, 좌절을 느끼는 사람에게 용기를 불어 넣어 준다. 센스 있는 말 한마디가 상대의 품격을 높여주는 동시에 자신의 인격도 높이게 된다. 따라서 센스 있는 말 한마디가 인생을 결정한다.

센스있는 말 한마디
# Contents

머리말 • 4
편역자의 말 • 248

Part 01
## 센스 있는 대화, 센스 없는 대화

# 호감을 느끼게 하는 말, 거부감을 느끼게 하는 말

# 가깝게 만드는 말, 멀어지게 하는 말

## Part 04 공감을 얻는 말, 공감을 얻지 못하는 말

## Part 05 힘이 되는 말, 힘 빠지게 하는 말

## Part 06 들으면 기분 좋은 말, 듣기에 거북한 말

## Part 07 품격을 높이는 말, 품격을 낮추는 말

센스있는 말 한마디
Part 01

# 센스 있는 대화, 센스 없는 대화

# 01

# 감정의
# 흐름을 이용할 줄
# 아는 대화

센스(sense)란 어떤 사물이나 현상에 대한 감각이나 판단력을 말한다. 즉 분별력을 말한다. 센스 있는 대화란 그런 분별력이 있는 대화를 말한다. 센스 있는 대화인지 그렇지 않은지는 누구를 충고나 비판할 때 잘 나타난다.

충고와 비판은 어쨌든 상대가 누구이든 간에 기분 좋게 받아들일 성질의 것이 아니다.

당신이 충고하는 입장에 있다면 아무튼 당신이 상대보다 우월한 입장에 있다는 것을 의미하는데, 이런 때일수록 충고를 더욱 조심해서 해야 한다.

아무리 진심어린 충고라 할지라도 상대의 자존심을 건드리거나 핸디캡을 자극하면 역효과를 가져오게 된다. 상대에게 도움이 된다는 섣부른 판단으로 충고를 하게 되면 두 사람의 관계는 깊은 상처를 남기게 된다.

그러므로 좋은 분위기를 만들어 어떤 충고라도 마음 상하지 않게 받아들일 수 있는 여건을 만든 후 충고의 말을 해야 한다.

인간관계에 대해서 저명한 미국의 제임스 벤더 박사는 충고와 질책의 타이밍에 대해서 다음과 같이 말했다.

"나에게 충고를 부탁하는 사람에게 나는 '나도 잘 모르겠는데.' 하고 말하여 상대로 하여금 '저 박사도 모르고 있구나.' 하는 우월감을 느끼게 한다. 그렇게 한 후에 충고를 하면 거의가 만족할 만한 효과를 얻는다."

상대에게 우월감을 느끼게 하여 감정의 흐름을 교묘히 이용하여 충고를 하라는 것이다. 이것이 센스 있는 대화의 첫 번째 방법이다.

우리 주위에 충고나 조언을 부탁하는 사람도 있다. 이런 경우 대부분의 사람들의 심리 저변에는 칭찬을 듣고 싶어서 말과 달리 충고를 부탁하고 있는 것이다. 자기의 자존심을 버리고 머리를 숙이는 사람에게 우월감을 느껴 충고를 하다가는 오히려 망신을 당하는 경우가 있다.

제임스 벤더 박사에게 어느 날 제과 회사 사장이 노무 관리와 회사직원의 사기 문제에 대해서 조언을 청했다.

"박사님, 박사님이 우리 회사에 인사관리 고문으로 오시면 무슨 일부터 하시겠습니까?"

그러자 벤더 박사는 이렇게 말했다.

"글쎄요. 중역들의 의견을 먼저 들어봐야겠지요."

이 말을 들은 제과회사 사장은 그 즉시 벤더 박사를 회사 고문에 위촉했다.

충고와 조언은 언제, 어떻게 말하느냐에 따라 효과가 다르게 나타난다. 상대로 하여금 우월감을 갖도록 한 후에 충고하는 것이 센스 있는 대화 요령이다.

## 02
# 정중하게
# 말하여
# 상대를 존중한다

센스 있는 대화법으로는 정중하게 말하는 방법이 있다. 정중
하게 말하기란 대화를 할 때 상대에 대해 존중하는 마음으로
공손하고 예의바르게 말을 주고받는 것이다.

다시 말해 상대방에게 존중하지 않은 말은 한 마디도 사용하
지 않고 정중하지 않은 표현은 가급적 삼가고, 정중한 표현이
가능한 말만 많이 사용하는 것이다.

정중하게 말하는 요령으로 다음 몇 가지를 들 수 있다.


첫째, 상대방에게 부담이 되는 말은 가급적 피하고, 혜택을
주는 표현을 가급적 많이 사용하는 것이다.

상대방이 안고 있는 부담을 덜어주는 것처럼 말하여 부담은 줄여주고, 상대방이 필요로 하는 물건을 주듯이 혜택을 베푸는 것처럼 말하는 것이다.

예를 들어서 상대방과 저녁식사를 하면서 중요한 상담을 하고 싶을 때 "이따 저녁 비워두세요."라는 말을 하는 대신에 "혹시 저녁에 시간 좀 내주실 수 있습니까? 같이 식사라도 하고 싶습니다만." 하는 식으로 말하는 것이다.

둘째, 첫 번째 방법에서 말하는 사람의 입장에서 표현하는 방법으로, 자신에게 혜택이 되는 표현은 가급적 삼가고 부담을 주는 표현을 최대화하라는 것이다.

다시 말해서 대화를 하면서 상대방이 지게 되는 짐을 자신이 지는 것을 말한다.

예를 들어서 상대방이 말하는 것을 잘못 알아들었을 때, "좀 크게 말하세요."라고 말하지 않고, "제가 잘못 들었는데, 다시 한 번 말씀해주시겠어요?" 하는 식이다.

셋째 상대방을 비난하거나 트집 잡는 말은 최소화하고 상대방을 칭찬하는 말을 많이 사용하라는 것이다.

다시 말해서 칭찬할 일이 있으면 칭찬을 하되, 비평이나 비난할 일이 있으면 그런 말을 하는 것보다는 차라리 아무 말도 하지 말라는 것이다.

넷째, 자신을 높이는 말은 최소화하고, 낮추는 말은 최대화하라는 것이다.

예를 들어서 강의를 마치고 나올 때, "선생님, 강의가 깊이가 있고 감동을 받았습니다."라고 말하면 "아닙니다. 과분한 칭찬입니다."라고 말하는 것이다.

다섯째, 상대방과 일치하지 않은 부분은 최소한으로 말하고, 상대방과 일치하는 부분은 최대한 말하라는 것이다.

사람은 대화를 나눌 때 일치되는 것을 좋아한다. 그렇다고 일치되지 않는다고 해서 대립하고 있는 것은 아니다. 일치하지 않을 때 마치 대립하는 것처럼 말하기가 쉽다. 그런데 대화를 할 때 일치되는 부분을 먼저 말하고 그 다음에 일치하지 않은 부분을 말하라는 것이다.

예를 들어서 과장이 "이 책상을 저 쪽으로 옮겨요."라고 말했을 때, "그 쪽이 해가 비추는데요."라고 말하기보다는 "그것도 좋겠습니다. 그런데 해가 직접적으로 비추는데 괜찮겠습니까?"하고 말하는 것이 정중하게 말하는 방법이다.

여섯째, 상대방이 나에 대한 반감은 줄이고 공감을 늘리라는 것이다.

상대방에게 좋은 일이 있을 때 축하해주고, 좋지 않은 일이 있을 때 조문을 표하는 것으로, 상대방과 같은 마음을 가지고 지금 상대방이 처한 상황에 대한 관심을 말로 표현하는 것이 공감의 표현이다.

이처럼 정중하게 말하는 것이란 자기중심적인 생각을 상대방 중심적으로 옮겨가는 것이며, 자기 관점에서 말하는 것이 아니라 상대방의 관점에서 말하는 것을 말한다. 특히 가까운 사람일수록 정중하게 말하면 센스 있는 대화가 되며 관계가 더욱 가까워진다.

## 03
# 센스 있는 말,
# 상대의 체면을
# 세워주는 말

미국의 한 사회학자는 체면에는 적극적인 체면과 소극적인 체면 두 가지가 있다고 했다. 적극적인 체면이란 서로 연결되어 있고 유대관계를 유지하고 구성원의 일부가 되려고 하는 것이고, 소극적인 체면은 독립된 존재로서 자신의 위치를 인정받고 부당한 간섭을 받지 않으면서 자기가 선택한 일을 하는 자유를 누리고자 하는 것을 말한다.

센스 있는 말은 상대방의 소극적인 체면을 손상시키지 않으면서 적극적인 체면을 세워주려고 노력하는 대화를 말하는 것이다. 우리는 대화를 하면서 부지불식간에 상대방의 체면을 손상시킬 가능성이 많기 때문에 상대방의 체면을 세워주도록 노력해야 한다.

적극적인 체면을 세워주기 위해서는 상대방을 인정하고 있으며, 좋은 감정을 가지고 있고 상대를 소중한 인물로 생각하고 있다는 것을 상대방이 느끼도록 해야 한다.

한 영업사원이 자신의 잘못이라고 사과를 했다.

"이거 정말 죄송하게 되었습니다."

그러자 상대 거래처 직원이 이렇게 말했다.

"아닙니다. 우리가 한두 번 만난 사이입니까? 게다가 고의로 한 것도 아니고 일을 하다가 보면 누구나 그런 경우가 있지요."

이 대화에서 "우리가 한두 번 만난 사이입니까?" 하는 말은 상대의 체면을 세워주기 위해서 하는 가장 적절한 말이다. 상대에게 같은 소속감을 느끼도록 하면서 친근감을 나타낸 센스 있는 말이다.

소극적인 체면을 손상시키지 않기 위해서는 상대방이 개인적 권리를 침해당한 것으로 생각하고 있는 부분에 대해서 미안하게 생각한다고 표현함으로써 상대방을 존중하고 있다는 것을 확인시켜주어야 한다.

적극적 체면이나 소극적 체면이 손상당하는 것을 체면 손상 행위라고 한다.

센스있는 말 한마디

체면을 손상시키는 주체는 한마디로 요약해서 '힘'이라고 말할 수 있다.

힘이란 당신 자신에게 유리한 보상이나 불리한 보복을 상대방에게 할 수 있는 상태를 말한다. 이런 힘을 가졌을 때 상대의 체면을 손상시키는 말을 한다.

회사나 조직에서 자주 일어나는 일이다. 부하가 출근길에 차가 막혀 30분 늦었을 경우 상사가 말한다.

"벌써 30분이나 지났잖아? 출근 시간도 못 지켜?"

"차가 막혀서…… 죄송합니다."

"그럼 30분 일찍 나오면 될 거 아냐? 그것도 예상 못하면서 회사를 다녀? 집어치워!"

상사는 부하의 체면을 여지없이 짓밟는다. 상사라는 지위가 갖는 힘으로 체면을 손상시키고 있는 것이다.

조직이나 회사에서 지위가 높다고 해서 상대방의 체면을 손상시켜서는 안 된다. 가까운 사람이기에 더욱 인정받고 싶은 마음이 있기 때문이다. 상대의 체면을 손상시키지 않고 대화의 예절을 지키는 것이 센스 있는 대화이다.

## 04
## '아는 척'보다
## '모르는 척'
## 하는 말

뛰어난 거짓말쟁이나 천하의 사기꾼의 특징은 모든 걸 아는 척한다는 것이다. 아무도 눈치채지 못하게 상대를 속이려면 상대에 따라, 상황에 따라 순간순간 임기응변을 해야 하기 때문에 아는 척하면서 우선 밑밥을 깔아놓는다.

하지만 주도권을 잘 잡아 상대를 당신 편으로 만들고 싶다면 모든 걸 아는 척해서는 안 된다. 오히려 알아도 모르는 척하는 기술이 필요하다. 자신의 직관력을 뽐내기 위해 상대가 어떤 사람인지 이미 다 파악했다는 듯 상대의 성향에 대해 단정짓듯 늘어놓으면, 실제로 그것이 상대에 대한 진실이라면 상대는 발가벗겨진 것 같은 수치심을 느낄 것이다. 만약 그 내용이 비밀에 해당된다면 수치심은 배가 된다.

또한 상대가 불공평하다고 느끼기도 쉽다. 내가 아는 만큼 상대도 나에 대해 알아야 공평하다고 생각하는데, 상대방이 일방적으로 자신을 파악하고 있다고 느끼면 형평성에 어긋난다는 생각이 드는 것이다. 결국 상대는 당신에게 거부감을 느낄 것이고 더 많은 정보를 노출시키고 싶지 않아 거리를 두게 될 것이다.

문제는 내가 어떤 사실을 알게 됐을 때 가슴 속에 담아 두고 다른 사람에게 아는 척하지 않는다는 게 말처럼 쉽지가 않다는 것이다. 영화나 드라마에서도 "이 비밀은 무덤까지 가져가자"며 맹세해 놓고 얼마 못가 주변 사람에게 비밀을 발설해 버리는 장면이 흔하게 나온다. 실제에서도 마찬가지다. 왕의 두건을 만드는 장인이 어느 날 임금님 귀가 당나귀 귀라는 사실을 알게 된다. 하지만 아무에게도 발설하지 말라는 어명으로 비밀 유지를 위해 애쓰다 병에 걸리자 결국 대나무 숲에 들어가 "임금님 귀는 당나귀 귀다!"라고 외치고 만다는 이야기다. 이 유명한 설화는 자신이 아는 것을 모르는 척하기가 얼마나 어려운지 잘 보여준다.

인간이 지을 수 있는 1만여 개의 표정 중 가장 재미있는 표정은 상대의 비밀을 알아냈을 때 짓게 되는 자신감 섞인 표정이라고 한다.

사람들은 보통 자신의 감정이 그대로 드러나지 않도록 주의하며 표정을 숨기게 되는데, 상대의 비밀을 알아냈을 때는 일부러 상대방이 알 수 있게끔 표정으로 '나는 네가 숨기려 하는 걸 이미 알고 있어. 어디 숨길 수 있으면 더 숨겨 봐.' 하는 식으로 자신의 속마음을 표출하는 것이다. 자신이 예리한 통찰력의 소유자인 걸 간접적으로 보여줌으로써 상대에게 특별한 존재로 보이고 싶기 때문이다. 또는 비밀을 알고 난 후 스스로에게 자신감이 생겼다는 걸 표출하고 싶기 때문이기도 하다. 상대에게서 어떤 정보를 읽어 내고 그 정보가 사실임이 드러나면 자신감이 급격히 상승해 앞으로 벌어질 어떠한 상황도 다 통제할 수 있다는 근거 없는 확신에 사로잡히게 되는 것이다. 이러한 착각이야말로 자멸로 향하는 지름길이다.

사람들은 상대가 감추려 하는 진실을 자신이 알고 있다고 선부르게 표현함으로써 정보력에서 상대보다 우위에 있으며, 이런 자신을 상대는 얕보지 못할 거라고 생각한다. 그래서 당연히 관계의 주도권은 자신에게 넘어오고, 사람들도 손쉽게 다룰 수 있게 될 거라 여긴다. 하지만 이건 혼자만의 착각이다. 물론 몇몇 판단력이 부족한 사람들은 그의 생각대로 움직일 것이다. 하

센스있는 말 한마디

지만 대부분의 사람들은 굉장히 강한 불쾌감을 느끼게 되고 인간관계 자체를 거부하려 들 수도 있다.

　아는 것도 모르는 척하는 것이 센스 있는 대화이다.

# 05

# 호칭을 제대로
# 사용하는 것이
# 센스 있는 대화이다

2014년 아베신조 일본 총리와 버락 오바마 미국 대통령이 정상회담을 했다. 회담이 끝난 후 기자들 앞에서 공동기자회견을 했다. 이때 아베신조는 버락 오바마의 이름을 열 번 불렀고, 오바마는 아베신조의 이름을 단 한 번 불렀다.

이것은 사소한 일이 아니었다. 대화할 때 상대방의 이름을 부르는 것은 상대방에 대한 관심의 표현이기 때문이다. 따라서 상대방의 이름을 자주 부를수록 상대방에 대한 큰 관심을 가지고 있다는 뜻이고, 반대로 이름을 적게 부를수록 상대방에 대해 관심이 적다는 뜻이다.

실제로 당시 오바마는 아베신조를 탐탁하게 생각하지 않았다. 오바마는 아베 신조가 신사에 참배하고 공물을 봉납하는 행위를 몹시 불쾌하게 여겼다. 그래서 한 정치 분석가는 오바마가 아베신조의 이름을 한 번만 부른 것에 대해서 이렇게 말했다.

"일본인들은 두 정상이 이름을 부르면서 친밀함을 과시하기를 바랐으나, 오바마 대통령은 아베신조의 이름을 그렇게 부르지 않았다. 여기에서 어떤 의미를 느낄 수 있을 것이다."

프랭클린 루스벨트 전 미국 대통령은 훌륭한 인품으로 국민으로부터 많은 존경을 받았다. 그가 국민들로부터 호감을 받은 이유 중의 하나가 '이름 불러주기'다. 그가 대통령 퇴임 후 2년이 지났을 무렵 백악관을 방문했다. 이 때 그는 주방에서 일하는 직원의 이름을 부르면서 안부를 물었다. 게다가 정원사와 정비공 이름을 하나하나 불렀다. 그러자 한 직원이 감동하여 눈물을 흘렸다.

미국의 강철왕 앤드류 카네기(Andrew Canegie)는 강철 제조에 대해 아는 게 없다. 그럼에도 불구하고 강철 사업으로 대성공을 거둔 비결 중의 하나가 사람을 잘 다루는 데에 있었다. 그가 사람들을 잘 다루는 데에 가장 많이 활용하는 방법은 사람들의 이름을 부르는 것이었다. 직원들의 이름을 일일이 외워 만날 때마다 불러주고, 거래처에서도 이름을 활용했다. 그리하여 자신의 이름을 기억하고 불러주는 앤드류 카네기를 좋아하게 되고 그에게 진심으로 복종했던 것이다.

상대의 이름을 기억했다가 만났을 때 이름을 불러주는 것은 센스 있는 대화의 방법이다.

# 01

# 자기자랑과
# 변명을
# 늘어놓는다

대화를 할 때 사람들이 듣기 싫어하는 말 두 가지가 있다. 하나는 자기자랑이요, 또 하나는 변명이다.

보스턴에 있는 어느 기업의 팀장은 입만 열었다 하면 자기자랑이다. 그는 회의 시간에도 어김없이 자기자랑을 한다.

"내가 우리나라에서 알아주는 하버드대학을 나와서 그런지는 모르겠는데, 국내 광고 담당자들의 생각이 우물 안에 있는 개구리 같아요. 이래가지고서야 글로벌 시대에 외국 기업하고 경쟁하겠어요? 내가 여러분도 잘 아시다시피 세계 최대 광고회사 제이 월터 톰슨(J. Walter Tomson)사에서 잠시 근무한 경험이 있으니까 이번 프로젝트는 나에게 맡겨 보십시오."

회의 시간은 원래 사원들이 자신의 의사를 마음껏 발표하는 가운데 그 중에서 제일 나은 것을 선택하는 것이 일반적인 관례인데, 이 팀장은 일방적으로 자기자랑에다가 자기 의견만 늘어놓으면서 팀원들의 사기만 떨어뜨렸다. 그 결과 팀원들은 회의를 기피하게 되고, 회의 중에 팀장에 대한 긍정적인 피드백은 나오지 않았다.

영국의 정치가이며, 문필가인 필립 체스터필드는 그의 저서 〈사랑하는 내 아들아 세상의 모든 것을 가져라〉에서 자기자랑에 대해서 이렇게 말했다.

"어떤 상황에서도 자기자랑은 하지 말라. 자기자랑은 역효과를 불러올 뿐이다."

아무리 능력 있고 훌륭한 사람도 자기자랑만 하면 허영심과 오만이 고개를 들기 때문에 사람들에게 불쾌감을 준다는 것이다. 그러면서 센스 있는 대화를 하기 위해서는 다음 두 가지를 피하라고 역설하였다.

첫째, 이야기의 흐름과 관계없이 자기자랑만 하는 것.

둘째, 자신이 남에게 비난받았다고 말하면서 사실은 그렇지 않다고 말하다가 교묘하게 자기자랑을 죽 늘어놓는 것.

사실 입을 열었다 하면 자기자랑을 하는 대부분 사람들의 심리 저변에는 열등감이 자리잡고 있다. 외형적인 것, 물질적인 것을 하나하나 거론하면서 자기자랑을 해야 만족감을 느끼는 것은 심리적 결핍 때문이다. 결국 자존감이 낮으면 괜한 자격지심으로 자기의 장점만 내세우면서 도리어 자기 결점을 보지 못하는 대화를 하게 된다.

　대화를 하는 도중에 변명하는 것도 마찬가지다.

　이제 막 강사로 나선 라이온 필립 씨는 변명부터 하면서 강의를 시작한다. 그는 강사로서의 자질도 있고, 교육도 잘 받았지만 강의를 시작할 때에는 이런 말버릇이 있다.

　"제 강의가 여러분에게 도움이 될지 모르겠지만……."

　"이 자리에 서기에는 여러모로 부족하지만……."

　그런데 그 강사는 이런 말을 겸손이라고 생각한다. 많은 사람들 앞에서 말하는 사람들은 절대로 자기의 능력이 부족하다는 것을 여러 사람들 앞에서 말하지 말아야 한다. 바쁜 중에 시간을 내어서 와 준 사람들에게는 큰 실례가 되는 말이다. 따라서 상대에게 호응을 얻기 위해서는 도입부분에서부터 긍정적인 말을 해야 한다. 그것이 청중들에 대한 올바른 예의이다. 지나친 겸손은 오히려 예의에 어긋나며 역효과를 준다.

## 02
# 대화할 때
# 발뺌하는 말

자기 책임을 얼렁뚱땅 흐지부지 남에게 떠넘기려는 사람들을 우리 주변에서 많이 볼 수 있다. 그런데 어느 누구나 살면서 그런 행동이나 말을 한 번도 한 적이 없다고 말할 수 있는 사람이 없을 것이다. 그로 인해 누군가가 상처받은 사람도 있을 것이다. '책임전가'라는 말이 사람에게 얼마나 많은 상처를 준다는 것을 이해하는 사람은 드물 것이다.

만약 잘못이 있으면 어떻게 해서든지 분명하게 사과의 표현을 해야 한다. 상대방의 마음에 얼마나 상처를 입었는지 헤아려 보는 것은 물론 시간을 내어 직접 물어보는 것이 마음이 편할지도 모른다.

오늘날 많은 문제를 일으켜 놓고 그 책임에 대해 한마디의 말도 안 하는 사람들이 많이 있으므로 사람들의 분노조절 시스템이 망가질 위험에 놓여 있는 것이다.

자신의 책임을 회피하는 말은 상대방의 화를 일으키는 가장 쉬운 방법이다.

뉴욕시 가장 북쪽에 위치한 브롱크스에 있는 어느 무역회사의 한 말단 사원이 회식 때 그동안 먹지 않았던 술을 선배의 권유로 마시게 되었다. 그 선배는 그 직원에게 술을 마시도록 강요하다시피 권했다. 선배가 권하는 술을 마다할 수 없는 신출내기 사원은 선배가 권유하는 대로 술을 마셨다.

그 다음날 신입사원은 그동안 마시지 않았던 술을 폭음한 관계로 손발에 마비 현상이 찾아와 병원에 갔었다. 의사는 조금 늦게 병원을 찾아왔으면 큰일 날 뻔했다고 하였다. 아직도 팔이 저린 상태에서 출근한 신입사원은 그 선배를 만나 병원에 간 사실을 이야기하였다. 그러자 그 선배는 이렇게 말했다.

"그러게 평소에 술을 잘 마시는 모습을 보여주지 그랬어. 너 술 마시는 거 보고 싶어서 그랬지."

그 말에 그 신입사원은 너무나 실망하여 그때부터 그 선배를 피하게 되었으며, 다시는 그 선배와 술을 마시지 않기 위해 자청해서 보스턴으로 전출했다.

만일 그 때 그 선배가 "내기 정밀 큰 실수를 했다. 고생했다. 정말 미안하다."라고만 말했다면 그 신입사원은 상처를 받지 않았을 것이다.

선배로서 "미안하다."는 말을 하기가 어려울 수도 있겠지만 어찌 보면 간단한 말이다. 자신의 태도를 오히려 신입사원에게 돌리는 선배의 말은 두고두고 신입사원의 가슴에 앙금으로 남아 있었다. 만약 그 선배가 "미안하구나. 그 대신 내가 오늘 점심 살게."라고 말했더라면 그 선배와 신입사원은 어느 누구 못지않은 가까운 선후배 관계가 되어 오랫동안 가장 친한 선배로 남게 되었을 것이다.

조금이라도 누구에게 피해를 주는 말을 했으면 어떻게 해서든지 자신의 잘못을 사과하고 책임을 인정하는 말을 해야 한다. "난 몰라." "따지고 보면 내 탓은 아니잖아!" 하는 식으로 책임을 인정하지 않으면 상대는 분노를 느끼면서 평생 동안 상처로 남을 수 있다.

잘못을 했을 때 깨끗이 인정하고 사과하는 말은 참으로 센스 있는 사람의 태도이다.

03

# 상대방의
# 약점에
# 공감하는 말

나의 약점을 제일 많이 아는 사람은 누구보다 자기 자신이다. 그런데 자신의 약점을 누구에게 말하는 것은 위로받기 위함이며, 충고를 받기 위해서가 아니다. 그런데 사람들은 대화 과정에서 상대가 자신의 약점을 이야기하면 센스도 없이 자신의 약점을 이야기하여 상대를 더 잔인하게 파헤치는 사람들이 있다.

뉴욕의 중심지 맨해튼에 있는 회사의 한 직원은 보고서 작성에 서툰 편이다. 취약점을 극복하고자 보고서 작성에 능숙한 동료 사원을 찾아가서 조언을 구하거나 보고서 작성에 대한 서적을 구입하여 연구를 열심히 하고 있었다. 그런데 보고서 작성 실력은 하루아침에 느는 것이 아니다. 열심히 연구하고 노력하고 가다듬어서 그 다음날 사장에게 보고서를 제출했다. 그러나 역시 무참히 퇴짜를 맞고  다시 직성하여 보고하라는 지시를 받고 나서 착잡한 마음에 동료 입사 동기와 함께 커피를 마시면서 대화를 나누었다.

"나는 왜 이렇게 보고서 작성하는 게 힘든지 모르겠어."

그러자 입사 동료가  말했다.

"그러게, 너는 보고서 작성만 잘하면 완벽할 텐데……."

그렇게 자신의 약점을 듣고는 위로하기는커녕 마음을 더 아프게 하여  대답할 말이 없어서 멍하니 있는 사원을 향해 그 입사 동기는 다시 이렇게 말했다.

"뭐, 어쩔 수 없지 뭐, 아니면 다른 부서로 옮기는 게 어때?"

동료의 얼굴을 보면 진짜 걱정이 되어서 진심으로 하는 말이었다. 그러나 그 사원은 동료에 대해서 고마워하기는커녕 '자신은 얼마나 보고서 작성을 잘한다고 착각하고 있어. 나와 별 차이가 없으면서 말이야.'라고 냉소를 지을 것이다.

그 동료는 친구를 위한다고 말한 것이 센스 없이 말함으로써 오히려 동료를 잃는 결과가 되고 만 것이다.

그 동료는 누군가의 약점에 대해서 말하는 것은 그 말이 진심에서 위로하기 위해서 했든 아니든 간에 자존심을 건드리는 결과가 되고 만 것임을 간과한 것이다. 상대의 약점에 공감한다는 사실 자체만으로 약점을 갖고 공격한다는 느낌을 갖게 되는 것이다.  이를 모르고 그저 솔직한 게 좋다는 생각으로 상대에게 공감하는 반응을 보이는 것은 센스가 없을 뿐더러 인간관계를 가로막는 잔인한 결과를 가져온다.

자신이 지닌 약점 때문에 힘들고 심적으로 고통을 겪고 있는 사람에게 필요한 것은  솔직한 조언이 아니라 위로의 말이다. 그런 말을 할 때는 상대방의 약점을 건드리지 않으면서 시작해야 한다. 만약 위와 같은 상황에서 센스가 있는 사람은 이렇게 말할 것이다.

"나도 마찬가지야. 보고서 작성이 말처럼 쉽지가 않더라고. 너도 힘들어할 줄을 몰랐어. 우리 같이 힘내자."

위의 말은 상대방의 자존심을 상하게 하지 않으면서  동시에 상대방의 성장을 도와주는 위로의 말이다. 상대방이 자신의 약점을 고백할 때는 굳이 상대방의 약점을 공감하는 말은 센스를 모르는 말이다.

# 04
# 거리를
# 멀게 하는
# 말투

누구에게나 무의식적인 말버릇이 있다. 말버릇 중에 상대를 멀게 하는 말버릇으로는 다음과 같은 것이 있다.


✝ 사실은….

"사실은 …입니다." 이런 말을 버릇처럼 말하는 사람들의 마음속에는 "굉장하지?" 뭔가 자랑하고 싶어하는 마음이 들어 있다. 관심 없는 제삼자에게는 무엇이 굉장한지 알기 어려울 때가 있다. 그래서 멀리 하게 된다.


✝ 보통은…. 일반적으로는….

센스있는 말 한마디

'받아들이지 못하겠다.'는 뜻으로 상대가 한 사실에 대해서 비판하겠다는 뜻을 나타낼 때 많이 쓴다. 또 '일반적이라면…….' 하는 말에는 "일반적이라면 어떤 기준인가요?"라고 반문하고 싶은 뜻이 들어 있다.

**✝고작….**

타인을 만만하게 볼 때 쓰는 말이다. "고작 감기로 회사를 쉬다니 몸이 참으로 약한 모양이다."라는 말을 들으면 기분이 상해진다.

**✝결국….**

결국이란 말을 너무 많이 사용하면 비꼬는 말로 들릴 수 있다. "결국 …였군요."라고 자주 사용하면 "괜한 짓을 했다."는 비웃는 말로 들린다. 어떤 결과나 사람을 인정하고 싶지 않아서 트집을 잡고 싶어서 저런 말을 하는구나 하는 인상을 준다.

**✝그런데…. 하지만….**

상대방의 말에 동의하여 맞장구를 치면서 무심코 이런 말을 하는 경우가 많다. 이 말에는 상대를 받아들이기 어렵다는 뜻과 질투심, 자기과시 욕구가 들어 있다. 이런 말을 사용하면 상대방은 인정받지 못했다는 느낌을 받아 밀리하게 된다.

이런 말은 센스가 없는 말이다. 센스란 분별력으로, 분별력이 있다면 듣는 상대가 이 말을 들었을 때의 생각을 고려할 줄 알 것이며, 상대의 마음을 조금이라도 생각할 줄 안다면 이런 말은 하지 않았을 것이다.

이런 말은 대화할 때 조심해야 하겠지만 특히 SNS에 글을 쓸 때 생각도 없이 사용하게 되므로 주의를 해야 한다. 이런 말을 남용하면 센스 있는 대화를 할 줄 모르는 사람이다.

05
# 가장 듣기
# 싫어하는 말,
# 외모에 대한 평가

센스 없는 말 가운데 가장 듣기 싫은 말은 외모에 대한 평가
다. 특히 여성들은 외모에 대한 평가에 매우 민감하게 반응한
다. 그중에서도 젊은 여성들이 더욱 심한 것을 남자들은 잘 이
해하지 못한다.

오늘날 동서양을 막론하고 날씬한 몸매를 선호하는 경향이
매우 강하다. 모델들은 바짝 마른 몸매를 유지하기 위해 다이
어트, 운동 등 보기가 안쓰러울 정도로 많은 노력을 한다. 연
예인들은 자기 체중을 애써 숨긴다. 오늘날의 풍조가 외모 지상
주의로 빠지면서 남녀 구별 없이 성형수술을 한다.

뚱뚱한 사람은 게을러서 자기 몸 관리를 잘못하는 걸로 인식

하는 풍조가 있다. 그러다 보니 다이어트 산업이 번성하고 체중이 늘어나는 것을 두려워한다.

한 고등학교에서 일어난 일이다.

고 2때 어느 날 한 여학생이 옆방에 있는 한 학생과 말싸움을 크게 하고 있었다. 상대가 쌍소리로 욕을 하자 이 학생은 그런 쌍소리는 입에 담을 수 없어서 한단 소리가 "돼지 같은 년!"이라고 말하였다. 그런데 옆에 있던 조금 뚱뚱한 여학생이 자기보고 그런 줄 알고 많은 상처를 입었다. 그 학생은 자신이 조금 뚱뚱한 체격이라 항상 체격에 대해서 열등감을 갖고 있었다. 특히 뚱뚱하다는 것을 비웃는 말인 "돼지 같은 년"이라는 말에 자격지심이 있어서 자신을 보고 그렇게 흉보는 줄로 알았던 것이다. 그 말을 들은 그 여학생은 조금 뚱뚱한 여학생을 찾아가 사과를 했다.

학창시절에는 외모를 보고 별명을 많이 짓는다. 특히 어렸을 때의 대부분의 별명은 외모 중심으로 짓는다. 그런데 별명들은 거의가 당사자의 뜻과 상관없이 짓는다. 본인이 싫어하는 별명을 지으면 그것도 언어폭력이 된다.

송곳니가 뻐드렁니인 한 여학생은 학교에서 한 친구가 가끔씩 "야, 드라큘라!"라고 부른다. 그러면 그 여학생은 다른 사람들이 자기를 쳐다보는 것 같은 생각이 들어서 화를 낸다. 그런데 그 친구는 그런 별명을 만들어 붙여주고 부르는 게 취미라고 한다.

대화 도중 남의 외모에 대해서 말을 하는 것은 센스가 없는 대화이며 예의에도 어긋나는 태도다. 특히 외모에 대해서 콤플렉스를 느끼고 있는 사람에게 외모 이야기를 하는 것은 상처를 줄 수도 있다.

상대가 외모에 대해서 자신감을 갖고 있거나 잘생겼다고 스스로 자화자찬하는 사람들도 외모에 대해서 칭찬하는 말을 제외하고는 모두 듣기 싫어한다. 따라서 상대가 듣기 원하지 않는 말은 가급적 하지 않는 것이 예의이다.

센스있는 말 한마디
**Part 02**

# 호감을 느끼게 하는 말, 거부감을 느끼게 하는 말

호감을
느끼게
하는 말

# 01

# 먼저 인사를
# 하는 것이 호감을
# 얻는 첫걸음이다

대화는 말을 주고받는 것이 아니라 마음을 주고받는 것이다. 따라서 첫 만남에서 상대가 호감을 갖게 되면 마음을 주고받을 준비를 하게 된다.

호감을 얻으면 상대방은 마음의 문을 연다. 호감을 얻으면 상대는 먼저 당신에 대한 의심을 걷는다. 처음 만났을 때 누구나 상대에 대한 불안과 의심을 품게 된다. 대부분의 경우 처음 만났을 때는 상대에 대한 정보 없이 만나게 되므로 상대에 대한 의심을 가지고 대하기 마련이다. 그러나 처음 만났을 때 호감을 얻으면 그런 의심을 버리고 마음의 문을 조금 열게 된다.

호감을 얻기 위한 방법을 이야기하기 전에 먼저 호감이란 무엇인가를 알 필요가 있다. 호감(good feeling)이란 남에게 잘 보이게 하기 위한 행동이 아니라 상대의 욕구와 기대를 이해하고 그것을 만족시키는 행위다. 무엇을 하기 위해서 상대방의 마음을 끌어들이는 것이 아니다. 상대방의 욕구와 기대를 이해하고 만족시키는 행위다.

예를 들어서 한 부인이 백화점 옷 매장에 들어가서 이곳저곳 둘러보다가 옷을 사지 않고 나오면서 매장 직원에게 말한다.

"옷을 하나 사 입으려고 왔는데 마음에 드는 것이 없네요."

이 때 이 부인은 마음속으로 기대했던 옷이 없어서 아쉽다는 것이며, 옷 매장 직원이 자신의 마음을 이해해주기를 바라는 마음에서 한 말이다.

이 때 직원이 옷을 사고자 하는 부인의 마음을 파악하여 그 부인이 원하는 옷을 선택하여 보여주면 팔게 되는 것이다. 즉 매장 직원이 부인으로부터 호감을 얻으면 판매에 성공하게 되는 것이다.

첫 만남에서 호감을 얻는 첫 번째 방법은 먼저 인사를 하는 것이다. 먼저 인사를 한다는 것은 곧 자신의 마음을 표현하는 것이다. 인사를 한다는 것은 곧 당신과 상대와 대화를 나누겠다는 마음을 나타내는 것이다.

대부분의 사람들은 처음 만났을 때 상대가 먼저 인사하기를 기다린다. 인사를 하면 그때서야 인사를 하는 경우가 많다. 그리고 먼저 인사를 하면 자신도 인사를 한다는 것은 곧 상대방이 먼저 자신을 받아들이려는 의사표시를 하지 않으면 자신도 그 사람과의 관계를 형성할 생각이 없다는 뜻이다.

만약 세상의 모든 사람들이 먼저 마음을 표현하지 않고 상대방의 태도를 살핀다면 아마도 새로운 인간관계를 구축하기가 힘들 것이며, 유대감을 상실하고 고독한 삶을 살아야 할 것이다.

여유가 있고, 행복한 인간관계를 이루면서 살기를 원한다면 먼저 마음을 표현하는 사람이 되어야 한다. 업무적으로나 사적인 일로 처음 만났을 때 먼저 "안녕하세요."라고 인사를 하자. 상대의 태도를 살필 필요 없이 먼저 "안녕하세요. 만나서 반갑습니다."라고 인사를 하자.

인간관계의 폭은 자신이 먼저 상대방에게 마음을 어떻게 표현할 수 있느냐에 달려 있다. 지위와 관계없이 처음 만났을 때 상대방이 먼저 인사하기를 기다리지 말고 먼저 인사를 하면 곧 상대도 인사를 하게 됨으로써 마음을 서로 주고받게 되는 것이다.

먼저 마음을 표현하는 사람에게 누구나 호감을 갖게 되며 좋은 반응을 보인다. 그러므로 당신이 먼저 인사를 하고 말을 걸면 좋은 인간관계를 형성하기 쉽다. 반대로 기다리는 자세를 취하면 상대가 당신과 적극적인 교류를 원치 않을 때는 그 사람과 좋은 인간관계를 형성하기가 너무 어려워진다.

많은 사람들은 당신이 먼저 마음을 표현하고 다가와 주기를 기다린다. 상대에게 행복한 메시지를 보내기를 원한다면 먼저 인사를 하고 말을 거는 것부터 시작해야 한다. 그러면 상대가 호감을 보이면서 풍부하고 훈훈한 인간관계가 형성될 수 있다.

## 02
# 유머의 기술을
# 적절히 사용한다

　유머의 힘은 유머 자체가 부정성보다는 긍정성을 전제하고
있다는 데 있다. 인간관계에서 부정은 대립을, 긍정은 화합을
의미한다. 따라서 유머를 구사하면 상대방은 이를 화합의 의미
로 받아들이고, 공격받지 않는다고 느껴 안심하고 긴장을 풀
수 있게 된다. 이렇듯 유머는 그 본질이 긍정의 의미를 담고 있
기 때문에 공격적인 발언을 해야 할 때도 유머를 적절히 섞어서
이야기하면 효과를 볼 수 있다. 자칫 기분이 상할 수도 있는 촌
철살인의 표현에도 유머가 섞이게 되면 상대는 껄끄럽지 않고
유연하게 받아들일 수 있는 것이다.

　유머의 기술을 적절하게 잘 사용했던 대표적인 인물로는 에
이브러햄 링컨을 꼽을 수 있다. 링컨이 대통령에 당선되자 곧이

어 노예제 폐지를 둘러싼 남북전쟁이 일어났다. 전쟁이라는 상황을 감안하면 링컨은 유머를 사용하기 어려운 시대에 살았다고 볼 수 있다. 하지만 사람들을 만나 대화를 나눌 때 링컨은 예상을 깨고 오히려 곤란한 상황에 처할 때마다 매우 적절하게 유머를 사용해 자신의 주도권을 또한 탄탄하게 유지해 나갔다. 다음은 그중 한 사례다.

공화당 후보 자리를 놓고 링컨과 그의 라이벌인 더글러스가 치열한 토론을 벌이고 있었다. 더글러스가 먼저 링컨을 향해 공격했다.

"당신은 말만 그럴 듯하게 하는 두 얼굴을 가진 이중인격자요!"

그러자 링컨은 전혀 당황한 기색 없이 차분한 음성으로 다음과 같이 응수했다.

"제가 두 얼굴을 가진 사람이라고요? 한번 잘 생각해 보시오. 내가 만약 두 얼굴을 갖고 있다면 오늘같이 중요한 이 자리에 하필이면 이렇게 못생긴 얼굴을 들고 나왔겠습니까?"

호감을 얻는 사람들은 또한 대화할 때 유머를 잘 활용한다. 유머를 통해 대화를 이어가는 것은 마라톤 선수의 훈련 과정과 흡사하다. 처음에는 1킬로미터만 달려도 지치는 선수가 점점 거리를 늘려 다음에는 5킬로미터, 그 다음에는 10킬로미터를 달릴 수 있게 되는 것처럼 대화 역시 마찬가지다.

처음에는 단답형으로 주고받는 대화에 유머나 농담이 섞이게 되면 분위기가 자연스러워지면서 점차 주고받는 말의 횟수 또한 늘어나게 된다.

관계기술에 뛰어난 사람들이 대화할 때 늘 잊지 않는 것은 대화 중심에 상대가 있어야 한다는 사실이다. 수억 원대의 고가 다이아몬드 반지를 쉽게 팔 수 있는 비법은 다이아몬드 반지 자체를 빛나게 꾸미는 게 아니고, 다이아몬드 반지를 낀 고객이 빛날 수 있는 분위기를 조성하는 것이다.

어떤 사람이 대화의 중심에 있다고 느끼게 되면 다른 모든 것들은 부차적인 문제가 된다. 스포트라이트를 받아 기분이 좋아진 그 사람은 대화를 함께하는 당신에게 더 호의적이게 되고, 더 각별한 마음을 갖게 될 것이고, 결국 당신에게 호감을 갖게 될 것이다.

위와 같이 상대를 대화에 끌어들이는 것은 인간관계를 맺기 위한 초석이다. 하지만 그것으로 끝나서는 안 된다. 어느 정도 대화가 이뤄져 서로 호감이 생기고 관계 성립을 원하는 분위기가 조성되면 대화에서 이루고자 하는 목표를 향해 진전시켜야 한다.

　호감을 갖도록 하는 것은 결국 내가 바라고 원하는 것을 상대가 이해하고 나의 요구를 들어주도록 하기 위함이다.

호감을
느끼게
하는 말

03
웃음은
긍정적인
정서를 전한다

사람의 감정은 전염병처럼 전염된다. 예를 들어서 항상 잘 웃고 기분이 좋은 사람 옆에 가면 왠지 자신도 기분이 좋아지고 웃음이 나온다. 그러나 아무런 이유도 없이 항상 찡그린 얼굴을 하고 있고 무엇인가 불만을 느끼고 있는 사람 옆에 가면 자신의 기분도 덩달아서 나빠진다. 심리적으로 불안한 사람 옆에 있으면 자신도 불안해지고, 긍정적인 생각을 하고 있는 사람 옆에 가면 덩달아 기분이 좋아지는 것을 심리학에서는 '감정전'이라고 한다.

긍정적인 감정과 정서를 주는 것 중에 가장 대표적인 것이 '웃음'이다.

센스있는 말 한마디

웃음은 세계 공통어이다.

물론 각국의 말에서 울음소리는 모두 다르다. 동물들의 울음에 대한 의음(擬音)도 모두 다르다.

그러나 웃음소리만은 다같이 '하하!'다. 말하자면 웃음은 세계를 연결시키는 공통어다. 사람과 사람의 사이를 연결시키는 공통어이기도 한 것이다.

웃는다는 것은 '인간다움'의 상징이다.

"웃음으로 사람을 판단할 수 있다. 처음 만난 사람의 웃음이 마음에 든다면 그를 착한 사람이라 단정할 수 있다." 칼라일의 말이다. 처음 만났을 때 마음에 들도록 웃을 수 있다면 호감을 얻기는 그렇게 어렵지 않다.

원숭이도 웃음과 비슷한 표정을 하지만, 인간처럼 여러 가지로 웃을 수 있는 동물은 없다.

웃음에도 여러 가지가 있다. 미소, 대소, 폭소 등 여러 가지가 있다.

세상이 어둡고, 생활이 침울해지면 사람들은 일부러 돈을 지불하면서 웃으러 간다. 희극이 되는 것은 그 때문이다.

그러나 억지로 웃기려는 저속한 동작에는 감동을 느낄 수가 없다. 찰스 채플린(Charles Chaplin) 정도의 연기에서 사람들은 진짜 웃음을 웃을 수 있는 것이다.

직장에서도 유머가 있고 웃음이 있는 곳은 틀림없이 잘 되어 간다. 회합 같은 경우에도 웃음소리가 날 정도가 되면 대화는 제대로 되어가는 것이다. 가끔 농담이 나오면 분위기는 더 무르 익는다.

농담 중에 진실이 많이 내포되어 있으며, 정식으로 말하기 어 려운 것도 농담의 옷을 입혀 말한다면 공감대가 훨씬 넓어진다.

또한 웃음이 있는 그룹에는 아이디어가 찾아온다. 아무것도 아닌 것 같은 발언 속에 희한한 힌트나 아이디어가 숨어 있는 경우가 많기 때문이다. 웃음은 긍정적인 정서를 전하는 동시에 상대의 호감을 이끌어내는 가장 효과적인 무기다.

호감을
느끼게
하는 말

## 04
# 상대가 좋아하는
# 것을 함께 좋아하면
# 호감을 얻는다

사람들은 대화에서 경청을 잘 못하는 것은 다른 이유도 있겠지만, 들어주는 시간이 훨씬 길기 때문이기도 하다. 말하는 상대는 짧게 느껴지지만, 듣는 사람으로서는 그 짧은 시간이 무척 길게 느껴진다. 말하는 사람은 말하느라 시간감각이 없다. 그런데 듣는 사람은 시간을 느끼고 있는 것이다.

또한 상대의 말을 경청하는 데는 적지 않은 인내심이 필요하다. 이야기를 늘어놓는 상대에게 밀리고 있다는 느낌이 들어 조급해질 수 있기 때문이다. 하지만 조급해하지 말고 진중하게 경청을 하면 오히려 상대와의 관계에서 고지를 점령하는 기회가 찾아온다. 말이 길어지면 길어질수록 상대는 자신의 약점이나 숨기고 싶은 부분들을 드러내는 실수를 쉽게 저지르기 때문이다. 더불어 경청해주는 당신의 모습을 보며 상대 또한 '내 이야기를 잘 들어주었으니 다음에는 당신의 이야기를 경청해야겠다.'라는 마음을 갖게 만드는 부수적인 효과도 얻을 수 있다.

처음 만난 사람이 육체 활동보다는 정신 활동을 더 즐기는 것으로 파악됐다고 치자. 그리고 그 사람이 남자라면, 좋아하는 대상의 범위는 육체 활동을 즐기는 남자보다 훨씬 좁아진다. 보편적인 성인 남자가 몸을 별로 움직이지 않고 스트레스를 푸는 방법은 손에 꼽히기 때문이다. 즉 PC게임, 바둑, 카드, 고스톱, 주식투자 등이 대부분이다. 그런데 만약 여기에 해당되지 않는다면 술, 낚시, 독서에 몰두할 가능성이 높다. 그리고 여자의 경우는 대체로 5가지 범위 즉 쇼핑, 맛집 탐방, 해수욕장, 여행, 수다 중 좋아하는 게 있기 마련이다.

옷차림과 자신을 꾸미는 방식을 통해서도 구분할 수 있다. 외적 화려함을 고집하는 이유는 자신의 외모가 인간관계에서 자신을 더 유리하게 만드는 주된 무기라고 생각하기 때문일 수 있다. 그런 사람들은 다른 사람과의 관계에 의지하는 측면이 크고 상대방에게 기대려는 성향이 강하다. 그에 반해 외적으로 화려하지 않은 사람들은 다른 사람에게 나의 외모가 어떻게 보이느냐의 문제에 큰 관심이 없다. 그만큼 인간관계보다는 자기만의 세계에 더 집중하는 성향을 띠고, 한 번 인간관계를 맺게 되면 자신이 영향을 받기보다는 상대에게 영향을 주려고 하는 타입이다. 이런 사람들은 외모 관리에 관심이 덜 하며 자신의 직업이나 실생활과 관련된 부분에 더 신경을 쓴다.

그러나 겉모습만으로 상대가 무엇을 좋아하는지 구체적으로 알아내는 데는 아무래도 한계가 있다. 겉모습으로 어느 정도 파악이 됐다면 이제부터는 대화가 필요하다. 하지만 좋아하는 것이 무엇인지 꼬치꼬치 물어본 후 "아! 저도 그거 좋아해요."라고 하면 의도적으로 가까워지려는 티가 물씬 난다. 따라서 상대가 눈치 채지 못하도록 자신의 의중을 감춘 채 미끼가 될 만한 말들을 이것저것 던져봐야 한다. 예를 들어 "요즘 주식시장이 엉망이에요.""요즘 타이거 스윙이 좀 변한 거 같지 않아요?"와 같이 뜬금없는 말들을 던지고 반응을 살피는 것이다.

처음 만난 사람이 내가 좋아하는 걸 똑같이 좋아한다면 그 사람에 대한 방어는 저절로 풀리게 된다. 더 나아가 지금 내가 관심을 가지고 있는 대상에 대해  같이 관심을 기울여준다면, 그 사람은 내 편이 될 수 있는 사람이라고 쉽게 판단하게 된다. 그러니 상대가 관심 갖고 있는 대상에 대해 함께 관심을 가져줄 필요가 있다.

이처럼 처음 보는 사람을 자기 사람으로 만드는 가장 확실한 방법은 상대가 좋아하는 것을 함께 좋아해주는 것이다. 그럴 때 상대는 자신과 인생 목표나 가치관이 같다고 느끼게 된다. 그러니 현실적으로 쉽고 간단한 방법에서부터 시작해보자.

예를 들어 상대가 싫어하는 음식을 같이 싫어하고, 또 좋아하는 음식을 같이 좋아해 보자. 여고시절 같은 가수를 좋아한다는 이유로 절친한 친구가 됐던 것과 같은 원리다. 음식이 아닌 다른 어떤 대상이라도 상관없다. 한 가지로 시작해서 두 가지, 그리고 세 가지로 범위가 넓어지다 보면 결국 상대에게 당신은 같은 인생 목표나 같은 가치관을 가진 사람으로 느껴지게 될 것이다. 그럼 상대는 당신을 자기편으로 느끼게 될 테고, 그때부터는 당신이 좋아하는 것을 같이 좋아하려고 노력하면서 당신에게 맞추려고 애쓸 것이다.

05

# 밝고 경쾌한
# 목소리는
# 호감을 준다

목소리는 말하는 내용보다 먼저 전달하는 사람의 정서적 온도를 느끼게 해주는 중요한 매체다. 실제로 우리가 대화를 하면서 음성언어적인 말과 함께 거기에 덧붙는 몸짓, 표정, 목소리와 같은 동작적인 특징을 많이 사용한다.

미국의 한 심리학자가 연구한 바에 의하면 의사소통을 하면서 상대방을 판단할 때 말의 내용은 7%에 불과하지만, 말투, 억양, 목소리 같은 청각적인 요소가 38% 차지한다고 한다. 목소리에 담긴 청각적 요소가 전달하는 정보의 38%라고 하면 의사소통의 3분의 1을 목소리가 결정한다는 것이다. 그리하여 대화를 할 때 어눌하고 무거운 목소리는 듣는 사람으로 하여금 지루하게 하고 싫증을 느끼게 한다. 반면에 밝고 경쾌한 목소리는 듣는 사람을 기분 좋게 만들고 즐거움을 준다.

밝고 명쾌한 목소리는 물 흐르는 소리처럼 상대방의 귀를 자극하여 그 소리를 흡인한다. 소리 전문가들에 의하면 이런 목소리는 싫증이 나지 않고 자꾸만 들어도 기분이 좋아져서 귀에 쏙쏙 들어온다고 한다. 우리가 TV를 통해서 아나운서의 밝은 목소리나 구슬이 굴러 가듯한 맑은 목소리에는 귀를 기울이게 되고, 그가 전달하는 메시지는 귀에 쏙쏙 들어와 기억에 남는다.

말은 자신의 생각을 전달하는 수단이다. 말을 어떻게 하느냐에 따라서 성패가 달라지는 경우가 많다. 그런데 그런 말을 경쾌하고 밝은 목소리로 전하면 효과가 더 좋은 것은 두말할 필요가 없다. 상대방을 매료시키는 밝고 명쾌한 목소리는 존재감을 부각시키는 데에 좋은 수단이 된다.

오늘날 좋은 목소리는 경쟁력이다. 성우나 아나운서 등은 말할 것도 없고, 고객에게 전화로 상품을 파는 텔레마케터, 전화 교환원은 목소리가 그들에게 가장 좋은 경쟁력이 된 것이다.

좋은 목소리란 어떤 목소리인지 다음 몇 가지로 생각해볼 수 있다.

첫째, 밝고 명쾌한 목소리다.

센스있는 말 한마디

이런 목소리는 듣는 사람을 기분 좋게 한다.

둘째, 여자의 경우에는 목소리가 조금 높아야 한다.
그래야만 톡톡 튀는 목소리가 되어 귀에 쏙쏙 들어온다.

셋째, 남자의 경우에는 중저음 목소리가 좋다.
이런 목소리는 듣는 사람에게 편안함을 주고 그런 목소리로
말하는 당사자를 신뢰하게 만든다.

넷째, 발음이 정확하고 딱 맞아떨어지는 목소리다.
이런 목소리로 말하면 듣는 사람이 말한 사람의 말을 이해하
기 좋다. 밝고 명쾌한 목소리는 훈련으로 가능하다.

# 자신을
# 과시하는 말

거부감을
느끼게
하는 말

　필자의 지인 중에 맨해튼 금융가에서 높은 지위에 있는 사람이 있다. 이 사람은 누구나 열린 마음으로 대화하기를 좋아한다. 그는 처음 만난 사람과도 몇 마디 대화를 하다가 보면 어느 사이에 유명인사와 함께 찍은 사진을 보여준다. 그가 보여준 휴대폰 갤러리에는 누구도 알아볼 수 있는 유명 인사들과 함께 골프를 치는 모습이 들어 있다. 그는 휴대폰을 끄집어내어 그 사진을 잠시 보여주었다가 재빨리 휴대폰을 주머니에 집어넣는다. 그뿐만 아니라 그의 휴대폰에는 재계뿐만 아니라 정계, 사회적으로 유명한 사람들과 함께 찍은 사진들로 가득 차 있다. 그런데 그는 언제 어디서 만났다든지, 어떤 모임에서 만났다고 하는 부연설명은 절대로 하지 않는다. 그러면서 "원하면 소개해 드릴 수 있다."고 말하면서 으스댄다. 그는 장소와 때를 가리지 않고 만나는 사람마다 그렇게 한다. 사람들은 처음에는 호기심을 갖고 대하다가 그런 행동들이 자기 과시의 하나임을 알고는 그의 말을 믿지 않는다. 그러면서 사람들은 차츰 그를 피하게 되었다.

비즈니스 세계에서는 때와 상황에 따라 자신의 인맥, 능력, 그리고 과거에 자신이 이룬 업적 등을 보여 줄 필요가 있다. 투자자를 모으려는 기업가의 입장에서는 어느 정도 과시할 필요가 있다. 그렇지 않은 입장에서는 자신을 과시하는 말을 하면 잘난 척한다는 소리를 듣게 되고 거부감을 느끼게 한다.

듣는 사람으로 하여금 정떨어지지 않게 하려면 때와 장소와 상대에 따라 할 말과 안 할 말을 구분해서 해야 한다. 여기에는 타고난 감각과 치밀한 전략이 필요하다.

장소와 상대를 구분하지 못하고 하는 말은 때에 따라서 또 상황에 따라서 상대를 맥 빠지게 한다.

거부감을
느끼게
하는 말

## 02
# 타이밍을
# 놓친 대화

　뉴욕 맨해튼 업다운 지역에 있는 어느 중학교에서 일어난 일이다. 교장선생님이 새로 부임한 선생님을 소개하려고 하는데 학생들이 너무 떠들어 말을 제대로 할 수 없었다. 결국 교장선생님은 무언가 생각 끝에 이렇게 말했다.

　"여기! 이분은 왼쪽 팔 하나밖에 없습니다."

　갑자기 교실이 조용해졌다. 그러자 교장선생님은 호흡을 가다듬고 다시 말했다.

　"오른쪽 팔도 하나밖에 없습니다."

　유머를 사용해도 유머가 제대로 발휘하려면 타이밍이 중요하다. 인생사가 모두 그렇다.

일렉트로닉 데이터시스템 창업자 로스 페롯(Ross Perot)은 1979년 M3를 6천만 달러에 인수하라는 빌 게이츠의 제안을 거절했다. 그는 결국 M3의 성장을 보며 가슴을 치며 후회했다.

조지 루카스(George Lucas)는 로스 페롯에게 픽사를 살 기회를 주었으나 망설이다가 스티브 잡스에게 그 기회를 빼앗기고 말았다. 결국 픽사는 〈토이스토리〉 〈니모를 찾아서〉 등을 만들어 성공하여 스티브 잡스에게 엄청난 부와 명예를 주었다.

로스 페롯은 청년 스캇 맥닐리(Scott Mcnealy)와 협상을 하기 위해 공항에서 처음 만났다. 로스 페롯은 청년 스캇에게 물었다.

"결혼했는가?"

"아니오."

"사는 곳은 어딘가?"

"캘리포니아입니다."

이 말만 주고받고는 로스 페롯은 스캇의 외모만 보고 불쑥 일어나 버렸다. 그에게 찾아온 기회를 놓치는 순간이었다. 훗날 스캇은 썬 마이크로시스템 회사를 창업하여 대성공을 거두었다.

위의 예는 로스 페롯이 타이밍을 놓쳐서 실패한 사례들이다. 사업에서는 물론이고 인간관계에서도 타이밍을 놓쳐서 좋은 기회를 잡지 못해 후회하는 일이 수없이 많다.

타자는 공이 날라오는 순간 방망이로 때리듯, 기회를 제대로 알아보고 말도 그 순간에 맞는 적시타를 날려야 한다. 어리석은 사람은 기회를 알아보지 못하여 기회에 맞는 말을 건네지 못한다. 기회를 볼 줄 모르는 사람은 지나고 나서야 말을 건다. 자꾸 상황에서 벗어나다 보면 후회와 주책의 사람이 되고 만다.

대화에서도 타이밍에 맞는 적절한 말을 사용해야 상대의 마음을 얻을 수 있다. 지나간 다음에 해봤자 소용이 없다.

기회를 놓치고 나서 하는 말은 기회를 잃는 슬픔을 가져다 준다.

거부감을
느끼게
하는 말

03
# 단 한마디의
# 말로 정이
# 떠나게 한다

골프는 많은 사람이 즐기고 있는 운동이다. 그런데 이 골프 때문에 서로의 우정에 금이 간 여성의 이야기가 있다.

최근 골프에 열중하기 시작한 어느 주부가 이웃 주부에게 골프의 즐거움에 대해 이야기했다. 그런데 그 주부가,

"어머, 놀라운 일이군요. 언제까지라도 젊으시니 좋으시겠어요."라고 말했다.

그런데 이런 대화가 오고간 후부터는 그렇게 가깝게 지내던 두 사람은 더 이상 말도 하지 않을 정도로 서먹서먹한 사이가 되었다.

"언제까지라도 젊으시니 좋으시겠네요."라는 말 한마디를 들

은 주부는 지금까지 쌓아온 이웃 간의 정을 매몰차게 끊어 버린 것이다.

그렇게 매정하게 끊어 버린 주부의 심경은 어느 정도 이해할 수 있다. 상대 주부는 무심코 던진 말이겠지만, 받아들이는 입장에서는 '경멸'이나 '야유'로 느꼈을 수도 있었을 테니까 말이다.

그 주부가 같은 말이라도 이렇게 말했으면 달라졌을 것이다.

"정말 부러워요. 언제나 젊음이 넘치시는군요!"

'언제나'와 '언제까지라도'라는 말의 차이가 소중한 이웃을 잃게 만든 것이다. '언제나'라는 말에는 '앞으로 계속 젊게 살라.'는 뉘앙스가 들어 있으나 '언제까지라도'라는 말에는 '당신이 언제까지 그렇게 젊은 척 하느냐 두고 보자.'라는 비웃음이 들어 있었기 때문이다. 같은 말에도 말하기에 따라 듣는 사람에게는 뉘앙스가 다르게 들리는 것이다. 같은 뜻을 가진 말이라도 어떻게 표현하느냐에 따라 받아들이는 사람의 반응이 달라진다. 그래서 말할 때 더욱 조심하고 받아들이는 상대의 입장을 고려하여 말해야 한다는 것이다. 상대가 오해할 수 있는 말이나 불쾌감을 느낄 수 있는 말은 상대로 하여금 거부감을 느끼게 한다.

거부감을
느끼게
하는 말

04
칭찬이 전제되지
않은 비판의 말은
거부감을 느낀다

다른 사람의 잘못을 지적하거나 들춰내기는 쉽다. 그러나 그 잘못을 못마땅하게 생각하여 비판을 가하거나 충고를 한다면 비판이나 충고를 들은 상대는 그 비판이나 충고를 수용하고 고쳐야 한다는 생각은 절대로 하지 않는다. 비판받은 잘못을 자신의 탓으로 돌리지 않기 때문이다. 비판의 화살을 받은 사람은 그 화살을 어떻게 되돌려 줄까를 생각한다.

따라서 무심코 쏜 화살이 자기에게 돌아오는 것을 바라보고만 있을 것인지 아니면 상대를 배려하는 마음을 보여 상대가 화살을 되돌려 쏠 생각을 하지 않게 할 것인지는 비판의 활을 가지고 있는 사람의 마음 자세에  달렸다.

철학자 소크라테스는 철학자로서 당시 연설을 자주 했다. 진리와 정의의 귀중함을 역설하는 소크라테스는  연설을 하면서 당시 권력자들을 많이 비판했다. 마침내 증오심을 가진 권력자들이 소크라테스를 고발했다. 재판 결과 사형에 동의한  표가 전체 5백 표 중에서 과반수가 넘는 282표였다. 그것은 소크라테스가 권력자들을 많이 비판하여 권력자들에게 미움을 샀기 때문이다.

다른 사람을 비판하려고 할 때는 신중을 기해야 한다. 대중 앞에서 모든 사람이 알도록 큰 소리로 말해서는 안 된다. 오늘날 특히 카카오톡, SNS, 유튜브 등 다른 사람들을 비판하는 수단이 매우 많아졌다. 이것들을 이용해서 비판하는 것도 여러 사람들 앞에서 공개적으로 큰 소리로 비판하는 것과 마찬가지다. 오히려 그 영향은 공개적으로 하는 것 이상으로 크다.

어떠한 형태로든 비판은 공개적으로 하는 것은 좋지 않다. 그럴 경우 비판의 화살이 다시 자신에게 돌아온다는 것을 명심해야 한다.

질책하는 사람은 상대방이 잘못했다는 것을 입증하지 못하면 거센 반발을 받을 수 있다. 만약 대안이 없이 상대를 꾸짖는

센스있는 말 한마디

다면 그것은 감정적으로 비쳐질 수밖에 없다. 따라서 이러한 단점을 없애는 방법은 상대의 좋은 점을 칭찬하면서 잘못을 일깨워주는 것이다.

처음에는 그 사람의 장점을 먼저 칭찬해 주고, 자극을 주지 않도록 배려한다. 사람들 누구나 한 가지 이상 칭찬할 일이 있다는 것을 명심해야 한다. 그리고 무엇보다도 비판할 때에는 상대의 발전을 위한 비판이라는 인상을 주어야 한다.

불가피하게 비판을 할 때에는 주의할 점이 여러 가지 있으나 가급적이면 비판을 하지 않는 것이 최선의 방법이다. 비판은 비판을 낳는다. 비판을 잘못했다가는 상대를 원수로 만들 수 있다는 것을 유의해야 한다.

상대를 배려하지 않은 비판은 오히려 거부감을 갖게 한다. 칭찬을 앞세우지 않은 비판의 말은 상대로 하여금 거부감을 갖게 할 뿐이다.

거부감을
느끼게
하는 말

05
개인의
고충을 말하면
거부감을 느낀다

인간사 고해(苦海)라는 말이 있다. 인간은 누구나 다 고충을 한두 가지씩 가지고 있다. 고충 없는 사람이 어디 있겠는가?

자기 딸을 여읜 어느 과부가 도사(道士)를 찾아가 자기의 고충을 이야기하였다. 하나밖에 없는 딸이 죽어서 어떻게 살아야 할지 모르겠다고 하면서 도사에게 하소연하였다. 그러자 도사는 그 과부에게 말했다.

"지금부터 100집을 돌아다니면서 한 집이라도 고충이나 문제가 없는 집이 있는지 알아보라. 만약 한 집이라도 '고민도 없고 고충도 없습니다.'라고 말하면 내가 죽은 자네 딸을 살려주겠네."

센스있는 말 한마디

그 말을 들은 과부는 100집을 다니면서 물어봤다. 그런데 집집마다 한 가지씩 문제와 고민이 있었다. 어느 집은 자식이 속을 썩이다가 가출해서 근심이고, 어느 집은 부인과의 사이가 좋지 않아 이혼할까 고민하고 있으며, 어느 집은 아들이 병이 들어서 걱정이라고 말하였다. 100호를 다 돌아다니면서 물어본 결과 한 집이라도 문제나 고민 혹은 고충이 없는 집이 없었다. 그 과부가 도사에게 그대로 전하자 도사는 이렇게 말했다.

"봐라. 어느 한 가정이라도 문제가 없는 가정이 없단다. 인생사가 고해이기 때문이다. 그러니 자네만 그런 것이 아니니 힘을 내어서 살게."

그때부터 그 과부는 자신의 고민을 어느 누구에게도 말하지 않고 혼자서 감내하면서 살았다고 한다.

우리는 살아가면서 겪는 고충을 가까운 친구나 이웃에게 말하여 위로를 얻기도 하고, 고충을 이야기함으로써 해결된 듯한 기분이 들기도 한다. 그리하여 친구나 이웃이 가끔씩 고충을 토로한다면 충분히 이해하고 공감해줄 수 있다. 그러나 입에 달고 다니는 것이 문제다. 듣는 사람은 지긋지긋한데 말하는 사람은 그 심각성을 인식하지 못하고 있다. 듣는 사람도 실제로 힘들고 여유가 없는데 상대가 뭐라고 하든 무슨 상관이냐는 식으로 자기 편할 대로 생각하고 고충을 끝없이 늘어놓는다.

인간의 감가은 비슷한 상황이 계속되면 무디어진다. 처음에는 상대방의 어려운 처지를 공감하고 도울 방법을 찾다가 계속되면 나와 상관없다는 식으로 생각해 버린다.

자신의 고충이 먼저 무엇인지 생각해보고 해결책을 찾아보아야 한다. 만약 업무량이 많은 것이 고민이라면 팀장이나 상사와 상담을 하거나 업무를 줄일 방법을 강구해 본다.

만약 빚이 많아 고민이라면 절대로 입 밖에 내어서는 안 된다. 인간은 이기적인 동물이므로 듣는 사람이 행여나 자기에게 빌붙을까 봐 당신을 멀리한다. 정말로 필요하다면 차라리 빌려달라고 하는 것이 좋다.

아무런 문제가 없음에도 불구하고 이미지 관리를 해도 사람들의 호감을 얻기 어려운 세상인데, 그런 문제까지 있는 사람이라고 떠벌리는 것은 외톨이 되려고 작심하고 말하는 것에 지나지 않는다.

가족은 물론 친구나 직장 동료들에게 당신의 고민을 입버릇처럼 이야기하지 말아야 한다. 미국의 전설적인 풋볼 코치 루이코츠는 51세에 자신이 코치로 있었던 노트르담대학교 졸업식에서 다음과 같은 내용으로 축사를 연설했다.

"고난이 찾아와도 자신이 힘들다고 말하지 말라. 듣는 사람 열 명 중 아홉은 아예 관심이 없고, 그 중 한 명은 기뻐할 것이다."

개인사의 고충은 혼자서 감당해야 하는 것이지 다른 사람에게 떠벌린다고 해결되는 것이 아니라는 뜻이다. 호감을 가지고 있다가도 개인적인 고충을 말하면 정이 떨어진다.

센스있는 말 한마디

Part 03

# 가깝게 만드는 말, 멀어지게 하는 말

# 01
# 상대의
# 자존심을
# 세워주어라

우리는 생활하면서 많은 사람들, 특별히 우리에게 필요한 사람과 가깝게 지내려고 많은 노력을 한다. 어느 누구와 가깝게 지내기 위해서는 그 사람의 자존심을 세워주는 것이 첫 번째 방법이다.

미국 제너럴일렉트릭 회사는 찰스 프로테우스 스타인메츠(Charles Proteus Steinmetz)를 부서 책임자의 자리에서 물러나게 하고 새로운 사람을 그 자리에 앉히기로 결정했다. 그런데 회사는 워낙 머리가 뛰어난 찰스를 자존심 상하지 않게 하면서 물러나게 할 방법을 찾고 있었다. 고민하던 회사는 그를 위해 기존에 있던 부서가 아닌 새로운 직책을 만들었다. 그리고 나서 사장은 찰스를 불렀다.

"찰스, 이번에 우리 회사에서 사원들의 고충을 들어주고 상담하는 새로운 부서를 만들었는데, 상담엔지니어라는 부서야. 자네가 그 자리에 가장 적합한 것 같아서 하는 말인데 어떤가? 우리는 자네가 최상의 적임자로 믿고 있네."

찰스는 회사가 자신을 믿는다는 말에 기분이 좋아서 흔쾌히 받아들였다. 자존심을 살려 주면서 회사가 원하는 대로 한 것이다.

친구 간에, 부모자식 간에, 또는 부부 사이에도 상대방의 자존심을 상하지 않게 대화를 하는 것이 상대방에게 기쁨을 주는 대화 방법이다.

자존심이 상하면 소통도 불가능해지고, 대화 자체가 어려워진다. 인간은 누구나 자존심이 있으며 그것을 목숨과도 같이 생각하는 사람들이 많다는 것을 기억할 필요가 있다.

대화에 대해서 세계적으로 유명한 데일 카네기는 자존심에 대해서 이렇게 말했다.

"대인 관계에서 명수들에게 한 가지 공통점이 있다. 즉 그들은 상대방의 자존심을 살려준다는 점이다."

상대방의 자존심을 살려주는 비결로는 다음과 같이 세 가지를 들 수 있다.

첫째, 실수를 해도 체면을 살려주는 것이다.

사람은 누구나 실수를 한다. 인간은 완전하지 못하기 때문이다. 실수를 했을 때 체면을 살려주는 말을 하면 상대는 덜 미안해한다.

"실수는 누구나 하는 것이니까 너무 마음 상하지 마세요. 다음번에는 실수를 안 하면 되는 거지요."라고 말한다면 상대는 당신에 대해서 좋은 이미지를 가질 뿐만 아니라 기분이 좋아진다.


둘째, 상대방과 비교하지 않는 것이다.

사람들은 누구나 비교 당하는 것을 싫어한다. 그런데 일상생활에서 쓸데없는 비교를 많이 한다.

"위층에 사는 집 아들은 서울 명문대학에 붙었는데 너는 왜 그 모양이니?"

부모들이 자녀에게 자주 하는 말이다. 비교는 상대로 하여금 열등한 사람으로 만든다.


셋째, 작은 일에도 칭찬하는 것이다.

작은 일에 칭찬하면 더 기분이 좋아지고 자존심이 높아진다.

그리고 잠재능력을 좀더 발휘하게 된다.

상대의 자존심을 살려주면 상대는 기분이 좋아지고 호감을 갖게 되어 자신이 원하는 것을 들어줄 가능성이 높다.

02
# 상대가
# 알아들을 수 있는
# 쉬운 말로 하라

커뮤니케이션을 할 때, 상대가 알아들을 수 있는 쉬운 말로
해야 한다.

상대가 당신의 메시지를 이해할 때 커뮤니케이션은 잘 된다. 복
잡하고 추상적인 말을 하면 상대에게 제대로 전달되지 않는다. 노
사문제와 같은 복잡한 일일수록 단순하게 설명해야 한다.

복잡한 문제를 복잡하게 설명하기는 쉽다. 그러나 복잡한 일
을 단순하게 설명하기는 어렵다. 단순하게 설명하지 않으면 상
대가 무슨 말을 하는지 그 핵심을 알아차리지 못할 경우도 있다.

쉬운 이야기를 쉽게 하는 것은 누구나 할 수 있다. 그러나 어
려운 이야기를 쉽게 하는 것은 누구나 하지 못한다. 추상적이거

나 복잡한 이야기를 단순하고 쉽게 하기는 참으로 어렵다.

귀에 쏙 들어오는 메시지는 누구나 이해하기 쉽다. 귀에 쏙 들어오려면 일단 단순하고 쉬워야 한다. 아무리 미사여구를 사용하고, 웅장하고 거창한 말도 귀에 쏙 들어오지 않으면 이해할 수 없으며, 커뮤니케이션이 이루어지지 않는다.

메시지가 단순해야 귀에 쏙 들어오고 설득력이 있다. 복잡한 전문용어는 귀에 쏙 들어오지도 않으며 이해도 제대로 하지 못한다. 왜냐하면 사람들은 살기가 너무 바쁘고 신경 쓸 일이 많아 복잡한 메시지에 귀를 기울이지 않는다. 그러므로 단순한 메시지가 귀에 쏙 들어온다.

상대방에게 메시지나 정보 혹은 자신의 의사를 전달할 때, 상대가 쉽게 이해할 수 있고 귀에 쏙 들어오도록 말을 할 때, 상대는 당신이 전하고자 하는 메시지나 의사가 즉시 받아들여져서 당신과 친밀하고 가까운 관계가 될 수 있다.

03
# 작은 정이라도
# 생기게 하는
# 말을 하라

　우리 주위에는 연인 사이뿐만 아니라 친구들끼리도, 사제지간에도, 또 고객과의 관계에도 잔정 때문에 관계가 계속되고 있는 경우를 많이 보게 된다. 그런데 이런 잔정은 말 한마디에 생기기도 하고 떨어져 나가기도 한다.

　잔정은 시간이 지나면서 생기는 것이 아니다. 사귄 지 얼마 되지 않았는데도 친밀감을 느끼는 사이가 되어 잔정을 느끼게 되는 경우도 있지만, 오랜 시간이 지났음에도 남처럼 생각되는 관계도 있다.

　잔정은 이웃이나 사회생활에서, 또한 직장생활에서 상대를 가까이 하게 만드는 데 중요한 역할을 한다. 따라서 원만한 사회 생활을 하기 위해서 잔정이 반드시 필요하다.

그런 잔정을 쌓기 위해서는 어떻게 해야 할까?

잔정을 쌓기 위해서는 몇 가지 기술이 필요하다. 이 기술은 그렇게 어려운 것이 아니다. 누구나 쉽게 금방 할 수 있는 기술이다.


첫째, 서로에게 친근한 별명을 붙여서 불러보도록 한다.

우리는 초등학교 시절에 별명을 붙여놓고 부르던 경험이 있을 것이다. 오랜 세월이 지난 후에도 그런 별명이 붙은 친구들은 기억에 남는다. 따라서 상대가 누구든지 그의 별명을 부르고도 그 상대로 하여금 자신의 별명을 부르도록 하는 것이 잔정을 쌓는 방법 중의 하나이다.

이 때 별명은 가급적이면 부정적인 이미지보다 긍정적이고 좋은 이미지를 줄 수 있는 별명이 좋다.


둘째, '우리'라는 말을 사용하라.

상대가 초면이고, 어떻게 호칭을 불러야 할지 모를 때 '우리'라는 말을 사용하면 서로의 사이가 가까워진 것처럼 느껴진다.

예를 들어서 회사에서 어떤 프로젝트를 맡아 성공시켰을 때,

팀장이 "우리가 해냈어!" 하고 말하면 어딘지 모르게 팀원 사이에 일체감을 느끼게 된다.

'우리'라는 말을 사용하여 가장 큰 덕을 본 사람은 미국의 오바마 대통령이다.

오바마의 화술의 특징은 모든 일에서 '우리'를 강조함으로써 미국 국민들에게 일체감을 불어넣었다.

여기서 오바마의 연설 일부분을 들어보자.

"우리들은 하나의 국민, 우리들은 하나의 국가, 그래서 함께 하여 미국 역사의 다음 장을 열지 않으시겠습니까? 해안에서 해안으로, 바다로부터 빛나는 바다로 놀라움을 건너 3개의 언어와 함께 반드시 우리들은 할 수 있습니다."

'우리'라는 말은 일체감을 불어넣어주는 가장 탁월한 화법의 하나이다.

대화란 본질적으로 '대화하는 상대와 당신' 과의 의사교환이다. 즉 '나'와 '너' 사이의 갈라놓은 간격을 메우기 위해서 하는 행위이다. 그러므로 효과적인 대화를 하기 위한 가장 기본적인 단계는 '너'와 '나'를 '우리'로 바꾸는 것이다. 대화하는 상대와 당신이 '우리'가 될 때 대화는 그 어느 때보다도 원만하게 이루어지고 잔정이 생기는 것이다. 잔정이 생기면 상대와 가까워지는 것이다.

04
상대의 약점을
내 약점으로
커버하라

오랫동안 함께 살아온 가족이나 친지, 그리고 어려서부터 함께 크고 작은 정을 나눈 한 친구는 어떤 특별한 사건이 없더라도 그 동안의 쌓아온 유대감을 통해 '내 편'이 된다.

그러나 사회생활을 하면서 만나게 되는 사람들은 그가 비록 직장에서 함께 일을 하는 동료이거나 거래처의 고객이라고 할지라도 내편이 되기 어렵고, 또 내편이 되었다고 할지라도 오랜 친구나 가족처럼 친밀하고 진정한 내 편이 되기가 쉽지 않다. 사회는 철저하게 이익 중심으로 굴러가는 구조이므로 자신의 이익의 여부에 따라 내 편인가 아닌가가 결정된다.

사회생활에서 업무 능력만큼 중요한 것이 인간관계로서, 특히 상대를 내편으로 만드는 것은 무엇보다도 중요하다. 왜냐하면 내편으로 만들지 못하면 주도권을 갖고 상대를 마음대로 움직일 수 없기 때문이다.

그러면 어떻게 해야 상대를 내편으로 만들 수 있을까? 상대를 내편으로 만들기 위해서는 먼저 상대가 자신을 보호하기 위해 놓은 방어벽을 허무는 일부터 시작해야 한다.

상대방이 쳐놓은, 보이지 않는 방어벽을 헤집고 들어가기 위해서는 여러 가지 방법이 있다. 미소와 매너로 친근하게 다가가다가 상대가 호감을 갖도록 하는 방법 등 여러 가지가 있으나 상대방의 약점을 공략하는 것도 그 방법 중의 하나이다.

특히 상대가 당신의 약점을 물고 늘어지고, 공격해올 때는 공격을 피하거나 수동적인 태도를 취해서는 절대로 안 된다.

이 세상에 완벽한 사람은 아무도 없다. 따라서 누구든, 그리고 싫든 좋든 사람은 어차피 결점과 약점을 가지고 살아가기 마련이다. 서로가 약점 투성이고, 절대로 완벽해질 수 없는 게 사람인 이상, 상대의 약점을 들추어내어 헐뜯는 것보다 감싸주고 묻어주는 것이 내 편으로 만드는 방법이다.

그런데 자기 자신의 이익을 위해 별 것도 아닌 나의 약점을 물고 늘어지는 사람들이 있다. 이들은 나를 굳이 물어보겠다고 덤비면 이리저리 피해 다니며 소극적으로 대응하는 것은 바람직하지 못하며, 상대에게 완전히 주도권을 넘기는 꼴이 된다. 이때 활용할 수 있는 것이 상대의 약점을 활용하여 내 약점을 커버하는 것이다.

1858년 미국 상의원선거에서 링컨과 맞붙었던 프레더릭 더글러스(Frederik Douglass)가 젊은 시절 잡화상 점원을 지낸 링컨의 이력을 물고 늘어졌다.

"링컨은 잡화상의 점원에 지나지 않았습니다."

그러자 링컨은 청중을 향해 고개를 끄덕이며 조용히 말했다.

"맞습니다. 그 때 저는 잡화상 직원이었습니다. 그렇지만 내가 열심히 점포에서 일하는 동안 더글러스는 주인의 눈을 피해가며 빈둥빈둥 놀고 있었습니다."

링컨은 상대가 자신의 약점을 무기로 삼고 공격해 왔을 때 그 약점을 부인하거나 변명하려고 하지 않고 그 약점은 인정하면서 그 약점을 이용하여 상대를 더 곤혹스럽게 만들었던 것이다.

상대의 약점을 이용하거나 공격하지 않고 오히려 자신의 약점으로 커버해 줄 때 상대와 가까운 관계가 되는 것이다.

05

# 어떤 상황에서도
# 긍정적인
# 말을 하라

사람을 가까이 하게 만드는 긍정적인 언어 중에서 사람들이
가장 듣고 싶어하는 말은 자신을 '인정해' 주는 말이다. 인정해
주는 말처럼 사람을 감동시키는 말도 없다. 최근 한 결혼 정보
업체에서 20,30대 직장인들을 상대로 설문을 조사한 바에 의하
면 가장 듣고 싶은 말로 응답자 중 27%가 "일 처리 아주 잘 했
어."라는 말이었고, 그 다음이 "그것 참 좋은 생각이야."라는 말
이었다.

사람은 누구나 인정받고 싶어하는 욕구가 있는데, 인정해주
는 말은 바로 그 본능적인 욕구를 채워주기 때문에 환영받으며
그런 말이 사람을 가까이 오게 만드는 가장 좋은 말이 되는 것

이다.

긍정적인 말을 하기 원하면 평소에 칭찬과 친절을 저축해 두면 긍정적인 말을 하기 쉽다. 칭찬과 친절을 마음속에 저축해 두면 긍정적인 말이 입에서 저절로 나온다.

인간이란 자신이 듣고 싶은 찬사에 대해서는 굳이 사실 여부를 따지려고 하지 않는다. 듣고 싶지 않은, 기분을 상하게 하는 진실을 듣기보다는 듣고 싶은 것만 들으려고 한다. 그리하여 아부가 뇌에서 매우 기분 좋은 생화학적 반응을 일으키는데, 이것은 침팬지나 인간이나 동일하다.

사실 진화는 궁극적으로 자신의 힘에 의지하는 거칠고 힘센 사람보다 알랑거리며 남의 비위나 맞추는 보잘것없는 사람에게 더욱 유리하게 전개된다고 생물학자들은 말한다. 한마디로 부드럽고 감상적인 사람이 힘만 자랑하는 삼손이나 슈왈츠제너거보다 진화될 가능성이 높다는 것이다. 일상생활에서도 무시무시한 힘보다 부드러운 말이 잘 통한다. 오늘날에는 적자생존이란 가장 강한 사람만이 살아남는 것이 아니라 말치레 잘하는 사람이 살아남는 것을 의미한다.

아부는 실질적으로 불리한 조건이나 예상되는 불리한 여건을 극복하는 방법이 된다. 인간의 아부가 효과를 발휘한다면  그

것처럼 좋은 일은 없다. 비용도 별로 들지 않는 인간의 아부가 고효율적인 이유는 대부분 언어로 그칠 뿐이기 때문이다. 찬사, 약간의 알랑거림, 고맙다는 메모, 마음을 살살 녹이는 인사 등 약간의 투자가 다른 과한 수고보다 나은 경우가 많음을 우리는 부인할 수 없다.

사람들이 가까이 하게 만드는 긍정적인 언어를 항상 사용하기 위해서는 언제 어디서나 만나게 되는 사람들의 좋은 점에 주목하는 습관을 들이는 것이다. 여기서 한 걸음 나아가 다른 사람을 격려하고 인정하고 칭찬해 보라. 사람들은 포상과 인정을 받을수록 더욱더 많은 능력을 발휘하게 되는 것을 보게 되고, 자신 또한 달라지는 것을 느끼게 될 것이다.

긍정적인 말은 다른 사람에게는 물론 자신에게도 긍정적인 에너지를 불러온다. 그리하여 더욱 활기찬 생활을 할 수 있게 된다.

긍정적인 말에 담겨 있는 긍정적인 에너지는 말하는 사람에게 제일 먼저 영향을 준다. 말하는 당신 자신을 활기차게 해 주고, 의욕을 돋게 해주며 표정과 태도에도 자신감이 넘친다.

또 이런 좋은 기운을 가진 사람은 먼저 주변에서 알아차린다.

"난 운이 좋아."

"난 인복이 있어."

"난 할 수 있어."

이런 긍정적인 말을 반복해서 말하면 자신을 사랑하게 되고, 주변에 자연스럽게 사람들이 모인다. 그 에너지는 사람을 끌어 당기고, 인맥을 풍부하게 할 뿐만 아니라 성장과 성공으로 이 끈다.

일상생활에서 긍정의 생각과 마인드를 가지고 긍정적인 말을 많이 하면 삶이 부드러워지고, 그런 말은 윤활유 역할을 한다.

## 01
# 침묵은 관계를
# 멀리하게 만든다

직장에 다니는 한 20대 여성이 상담소를 찾았다. 자신의 어머니가 예전에는 안 그랬는데 최근에는 자기를 보고 "차가운 년."이라고 욕을 자주 해서 상담소를 찾았다는 것이다.

고등학교에 다닐 때만 해도 어머니와 자주 대화를 하는 편이었는데 대학교를 졸업하고 직장에 다니면서부터 어머니와 대화를 하는 시간이 차츰 줄어들었고, 퇴근하면 피곤해서 어머니가 묻는 말에 대꾸를 하지 않을 뿐더러 어떨 때는 "피곤해요."라고 말하고는 자기 방에 들어가는 일이 많아졌다는 것이다. 그러자 어머니는 예전에는 하지 않던 욕을 하고 "너같이 차가운 년은 이 세상에 어디에도 없을 거야."라고 말한다는 것이었다. 그리하여 모녀간의 사이는 점점 벌어지기 시작했다고 한다.

이 경우에는 욕을 하는 어머니보다 딸에게 문제가 있는 것이다. 딸은 공감의 기대를 저버린 것이 실언이라는 관점에서 보면 침묵도 실언이 될 수 있음을 간과한 것이다.

어머니는 어머니대로 고민이나 스트레스가 있을 것이다. 그런 것들을 딸과 상의도 하고 또 딸의 고민도 들으면서 대화를 나누고 싶었을 것이다. 힘든 일이나 고민을 들어주는 사람만 있어도 마음이 편안해진다. 그런 상대를 누구보다도 가족 간에서 찾는 것이 인간의 상정이다. 그런데 믿었던 가족이 자신의 생활이 바쁘다고 해서  고민이나 힘든 이야기를 들어주지 않을 때 서운함을 넘어 배신감마저 드는 것이다.

일단 말하는 사람과 듣는 사람 사이에 불안감이 생기면 두꺼비집의 차단기를 내려 버리듯이 감정과 교류를 포기하게 된다.

미국의 심리학자 애덤 스미스(Adam Smith)는 동감에 대해서 이렇게 말했다.

"동감이라는 말의 가장 적절하고 본래적인 의미는 다른 사람의 기쁨에 대해서가 아니라 그들의 고통에 대한 우리들의 동료의식을 나타내는 말이다."

그리고 그는 이어서 다음과 같이 우리에게 권유하였다.

"친구들이 우리의 우정을 받아들여주기를 바라는 마음은 그들이 우리의 분개에 동감해주기를 바라는 마음의 절반 정도도 안 된다."

혈연이나 친구 등 믿고 있는 사람들이 분개할 일에 대해서 무관심한 태도를 취하고 침묵하고 있으면 참을 수 없다는 것이다.

불행한 사람들에게 그들의 재난을 경시하는 듯한 태도를 취하는 것은 잔인한 모욕이다. 누군가 어떤 일에 분개하면서 말할 때는 동감해주기를 바라기 때문이다. 그런 책임을 전가하거나 침묵한다면 믿는 사람은 배신감을 느끼게 되고 두 사람과의 관계는 멀어지게 된다.

파울로 코엘료는 그의 저서 〈마법의 순간〉에서 침묵에 대해서 이렇게 충고했다.

"당신이 입 밖으로 내뱉는 말 때문에 누군가 상처를 받을 수 있다. 그러나 당신이 내뱉지 않고 삼켜버린 말 때문에 상처를 받는 사람도 있다."

또한 "침묵은 신에게 속한 것이지만 짐승에게도 속한 것이며 또한 죽은 것이다. 따라서 우리는 두 가지 기술을 다 배워야 한다." 칼라일의 말이다.

02

# 쓸데없는 말

쓸데없는 말이란 불필요한 말이나 대화에서 주제를 벗어난 말을 의미한다. 쓸데없는 말은 말 그대로 '쓸 데가 없는 말'이다.

대화 도중 핵심을 벗어난 쓸데없는 말을 하는 것은 본심을 숨기려 하거나, 아니면 자신은 개방적이고 활달하게 보이고 싶어서 일부러 하는 경우가 많다.

쓸데없는 말을 하게 될 때 문제가 되는 것은 장소와 상황에 상관없이 "뭐 좋은 일이 있어야 말이지.""평범한 게 제일이야." 등과 같은 말을 내뱉는 습관이 되면 그것으로 끝나는 것이 아니라 상대방에게 상처를 주는 말까지 서슴지 않고 하게 된다.

이런 상투적이고 쓸데없는 말은 언어생활에서 위험한 카드가 될 수 있다. 무심코 내뱉은 이런 말이 자신의 이미지를 엉망으로 만들고 신뢰 관계를 무너뜨리는 결과를 가져올 수 있기 때문이다.

인간관계에서 성공하는 사람은 이런 쓸데없는 말을 하지 않는다. 이런 사람은 언뜻 보면 자신의 실체를 숨기는 것처럼 보인다. 그래서 주위에서 오히려 더 궁금해진다. 가까이 하기에는 멀게만 느껴지는 그런 사람이지만 그럴수록 더 가까이 하게 되는 사람이다.

이런 사람은 특별히 베일에 싸인 듯 행동하는 것은 아니지만, 확 트인 말투로 이야기하지 않기 때문에 미스터리하게 보인다.

쓸데없는 말을 하지 않는다는 것은 그만큼 자신과 상대를 믿는다는 뜻이고, 의지가 강하지 않으면 그런 태도를 취할 수 없다. 인간관계에서 성공하는 사람은 고품격의 우아함과 세련된 매너로 커뮤니케이션을 형성해 간다.

03
# 무시하는 말은
# 깊은 상처를 준다

만약 당신이 한 명이라도 부하 직원이나 후배를 거느리고 있는 상사라면 부하 직원이나 후배에게 무의식적으로나마 상대를 무시하는 태도를 취하지는 않았는지 생각해 보라.

누구나 아랫사람에게 으스대지 않는다고 생각하기 마련이다. 하지만 정말로 그런지 아닌지는 아랫사람이 결정할 일이다. 자신은 아무 생각 없이 한 말이라도 자칫 상대에게는 무시당한 듯한 느낌을 줄 수 있기 때문이다.

아랫사람을 무시하는 태도는 제일 먼저 호칭에서부터 시작된다. 부하나 아랫사람을 부를 때 호칭을 어떻게 부르느냐를 보면 알 수 있다.

회사나 조직에서 상사들이 부하 직원을 자네라고 부르는 사람들이 많다. "미스터 스미스!"라고 부르는 경우도 있다. 이런 호칭을 들으면 듣는 입장에서 뭔가 어린 학생으로 취급받는 것 같아 썩 유쾌하지 않을 것이다.

이름을 부른 다음 '씨'라는 존칭어를 붙이거나 남자 사원일 경우, 성 앞에 미스터를 붙여서 "미스터 박"이라고 부르는 것도 무방하다. 여성일 경우 "미스 리"라고 부르는 것이 좋을 것이다.

회사 직원들을 교육하는 연수에서도 나이어린 직원들이 많지만 결코 자네들이란 말을 사용하지 않는다. 가르치는 사람과 배우는 사람이라는 상하관계는 존재하지만, "자네들!"이라고 호칭하면 수강생들은 강사가 잘난 척한다는 반발심에서 이야기를 잘 들어주지 않기 때문이다.

오늘날 대부분의 회사에서는 연공서열이 아니라 실적 위주로 평가받기 때문에 오늘의 부하가 내일의 상사가 되는 일도 심심치 않게 벌어진다. 그래서 사내에서는 연령이나 직책에 관계없이 "스미스 씨!"라고 부르는 것이 일반적이다. 원만한 인간관계를 위해서는 대화할 때 '수평관계'는 반드시 필요한 요소다.

한편 상사나 동료에게는 정중하고 예의바르게 대하면서 하청업체의 직원들에게는 거만하게 구는 사람들이 있다. 평소에 안

센스있는 말 한마디

그러던 사람이 레스토랑이나 카페 직원에게는 함부로 대하는 것을 볼 수 있다.

직업에는 귀천이 없다. 상대를 무시하는 듯한 태도는 '겉과 속이 다른 사람'이라는 인식을 하게 되고, 불신을 가져온다. 어떤 직종에 있든 수평적인 관계를 맺으려고 하지 않고 수직적인 관계를 유지하려고 하면 사람들을 멀리하게 한다.

# 04
# 부정적인
# 언어

인간관계에서 부정적인 언어나 비난, 불평, 험담 등 멀리하게 하는 언어는 사용하지 않도록 주의해야 한다. 이것은 대화에서 중요한 요소가 된다.

우리는 본의 아니게 대화를 하면서 이런 부정적인 언어를 사용할 때가 간혹 있다. 특히 최고 경영자들은 그러한 상황을 자주 연출하게 되는데, 경영자가 감정이 격해 있거나 불만이 가득차 있으면 부하직원이나 고객들과 부드러운 대화를 나누기가 쉽지 않다.

한 조사에 의하면 직장인의 경우, 하루 중에서 대부분의 시간을 보내게 되는 직장에서 상사를 험담하는 경우가 가장 많은

센스있는 말 한마디

데, 그 이유로는 스트레스 해소와 직장동료간의 공감대 형성이 가장 많은 것으로 나타났다.

주로 뒤에서 험담하는 말 말고도 직접 부하직원 또는 상사에게서 들은 말 중 "이런 말까지 들으면서 직장생활을 해야 하나?"라고 회의감이 들게 하는 상사의 말 베스트 다섯 가지를 뽑아보면 다음과 같다.

"그거 제대로 할 수 있는 능력이 안 돼?"라는 말처럼 자신의 능력을 무시하는 말을 들었을 때가 가장 큰 상처를 느끼며, 그 다음으로는 "네가 하는 일이 뭐가 있어?" "그 따위로 할 거면 회사를 때려 치워!" "아직까지 그것도 못해! 경력이 아깝다." "시키는 대로 하지 왜 말이 많아?"라는 경멸하는 상사의 말에 상처를 받는다고 한다. 반면에 상사의 마음을 공허하게 만드는 베스트 다섯 가지로는 다음과 같다.

"그것도 모르십니까? 말이 안 통하네요."라고 말하면서 부하직원이 자기를 고루한 세대라고 답답하다는 식으로 이야기할 때가 가장 공허감을 느끼며, 그 다음으로는 상사가 무슨 일을 시켰을 때 "제가 왜 이런 일을 해야죠?"하고 당돌하게 따지거나, "그렇게 하시면 안 됩니다." "그 정도밖에 안 됩니까? 실망입니다." "이제 은퇴할 때가 된 거 아닙니까?"라는 말로 무시할 때 직장생활에서 회의감을 느낀다고 한다.

상사아 부히 직원들에게 들은 사소한 말 한마디로 상처를 받고 직장생활에서 회의감을 느낄 수 있으며, 또한 내부의 사기 저하와 이직의 원인이 될 수 있으므로 직급의 높고 낮음과 관계없이 서로 배려하고 존중해 주는 문화가 정립되어야 한다.

존중하는 문화는 존중하는 마음 자세로 대화를 할 때 형성된다. 또한 이직이나 퇴직 후에도 말을 조심하여 덕과 유익을 놓치지 않도록 하는 것이 중요하다. 그런데 대부분의 이직이나 퇴직자들은 회사를 그만두면서 별로 좋지 않은 기억을 가지고 있기 마련이다. 게다가 회사의 내부 사정까지 알고 있다 보니 전에 다녔던 회사에 대해서 험담하기 쉽다.

전 직장 상사에 대해서 사표를 내는 것보다 더 위험한 험담을 하여 당사자는 물론 그것을 듣고 있는 상대방, 그리고 험담을 당하는 대상을 상하게 하는 결과를 가져온다.

상사들은 갓 들어온 신입사원이나 일반사원에게 터무니없는 업무지시나 심한 말을 한다.

이런 직장의 경우, 신입사원을 지도할 멘토링 제도가 없으며, 있어도 적절한 가르침을 주지 못해 소기의 목적을 이루지 못하고 있다. 그러므로 상사와 일반 사원과의 융합이 잘 이루어지지 않고 있다.

직장 내 핵심인물과 좋은 인간관계를 쌓는 것이 중요한데, 무시하거나 경멸하는 듯한 부정적인 언어를 사용해서는 회사의 중추적인 역할을 하는 상사나 동료들과 가까이 지내지 못한다.

# 05
# 전문지식을
# 나열하면 멀리한다

대화를 하면 말하는 사람의 인생관이 드러난다. 특히 무의식중에 나오는 말을 통해서  자신을 어떻게 평가하고 있었는지가 확실하게 드러난다. 이렇게 무의식중에 나오는 말이 인간관계에서 많은 영향을 주며 나아가서는 인생 전반에 걸쳐서  영향을 미친다.

당신이 만약 훌륭한 인격자라면 대화를 할 때 말을 통해서 당신의 인격이 나타나면 다행이지만 그럴 경우가 많지 않다.

대화를 할 때 많은 사람들은 의식적이건 무의식적이건 실언을 한다. 따라서 이 장에서는 많은 사람들이 대화에서 실패하는 유형을 살펴보도록 한다.

대화 도중에 아는 화제가 나오면 상대방이 꺼낸 화제라도 전문지식을 내세우고 싶어서 안달을 하는 사람들이 있다. 상대방의 기분은 무시하고 이야기할 뿐만 아니라 상대방이 말할 기회마저 빼앗아 버린다.

존 맥가이어 씨는 대화 도중에 전문지식을 자랑하고 싶어하는 청년이다. 그는 어느 날 젊은 여성과 대화를 할 기회를 갖게 되었다.

아가씨가 말했다.

"센트럴 파크에 가고 싶어요."

그러자 맥가이어 씨는 그 젊은 여성에게 말한다.

"센트럴 파크라? 센트럴 파크가 어디에 있는지 아세요?"

"뉴욕에 있지 않아요?"

"맨해튼 섬 중앙에 있어요. 서쪽으로는 센트럴 파크 웨스트 거리와 동쪽으로 5번가 사이에 있고 북쪽으로는 110번 길과 59번 길 사이에 있는 넓은 지역이 모두 센트럴 파크입니다."

그 젊은 여성은 '흥! 하면서 속으로 그까짓 것과 나와 무슨 상관이야.'라고 생각하면서 대화를 중단하고 "잘 들었습니다."라고 인사를 하고 자리를 떠났다.

앞의 맥가이어 씨는 지식을 자랑하면 모든 사람들이 자기를 우러러볼 것이라고 생각한다. 하지만 전문지식을 내세워 자랑하면 우러러보기는커녕 "앞으로 저 사람과 대화를 하지 말아야지." 하고 조심하게 된다.

지식을 내세우는 습관이 있는 사람 즉, 잘난 척 하는 사람은 '우수한 사람이 사랑받는다.'는 생각을 버려야 한다. 그리고 상대방은 그런 잘난 척하는 이야기를 들으면 기분이 상하게 된다. 잘난 척하는 사람은 사람들을 멀리하게 만든다.

Part_3
**가깝게 만드는 말, 멀어지게 하는 말**

센스있는 말 한마디
**Part 04**

# 공감을 얻는 말, 공감을 얻지 못하는 말

01

# 경청은 공감의
# 출발점이다

한 가정에서 일어난 일이다. 딸은 고등학교를 졸업하고 텔레마케터로 일하고 있었다. 어느 날 딸이 퇴근하여 거실에 들어서는 순간 TV에서 마침 그 때 텔레마케터와 같은 감정노동에 시달리고 있는 여성들에 대한 이야기가 나온다.

딸은 이 기회다 싶어 어머니에게 말했다.

"엄마, 우리 이야기야."

어머니는 딸의 말을 듣고는 TV를 힐끗 쳐다보더니 하던 일을 계속하고 있다.

"엄마, 내가 얘기할게. 내 한풀이 좀 들어줘."

그러자 어머니는 이렇게 말했다.

"야, 세상에 힘 안 드는 일이 어디 있니? 내 한풀이나 좀 들어 줘라."

딸은 어머니의 그 말을 듣고 얼마나 속상했는지 자기 방에 들어가서 펑펑 울었다.

다른 사람의 말을 들어주는 것이 공감으로 이어지는 출발점이다. 상대의 감정을 알기 위해서는 경청을 해야 한다. 경청을 잘못하면 대화는 어그러지기 시작한다.

그러면 사람들은 왜 남의 말을 잘 듣지 않으려고 할까?

첫째, 우리는 남의 말을 듣기보다 자기 말을 하기 좋아하기 때문이다. 자기 말을 함으로써 자신이 주목받고, 자신의 정체성을 강화할 수 있기 때문이다.

둘째, 집중하기 쉽지 않기 때문이다.

상대방의 말을 듣는 데에 집중하려면 많은 에너지를 투입해야 하고, 몰입하려는 노력을 해야 하기 때문이다.

셋째, 상대의 말을 들으면서 속으로는 자신이 무슨 말을 할까를 생각한다. 그래서 상대의 말이 끝나기도 전에 자신의 말을 한다.

넷째, 말을 많이 해서 내가 이렇게 많이 알고 있다는 것을 자랑하고 싶어서 경청을 방해한다. 공감을 얻기 위한 경청은 그냥 듣는 것이 아니다. 말하는 상대가 어떤 마음을 가지고 이야기하는지, 왜 이런 이야기를 하는지 등 상대의 느낌과 생각 등을 추측한 다음 자신이 이해한 내용을 상대에게 확인하면서 듣는 것이다. 상대가 말하는 내용의 이면에 숨어 있는 의미까지 이해하려고 노력하는 수준으로까지 들어야 '공감으로 경청'하는 것이다.

경청에 충실하려면 가능한 말을 적게 하고 듣는 데에 집중해야 한다. 80%는 듣는 데에 할애하고, 20%만 말하는 데에 할애하는 것이 좋다. 25년간 미국 최대의 토크쇼를 이끈 오프라 윈프리(Oprah Winfrey)는 쇼를 하는 한 시간 동안 10분 정도만 자기가 말하고 나머지는 상대방 이야기에 눈을 맞추고, 고개를 끄덕여 주고, 질문을 하기도 하고, 또는 사람을 끌어안기도 한다.

공감 능력은 그의 말에 매력을 더하고 사람을 아름답게 만든다. 부하가 회사 신입사원이라 너무 힘들다고 할 때 "나는 신입사원 시절에 자네보다 더 힘들었어."라고 말할 수 있다. 그러나 상대의 경험과 나의 경험이 다른 것이다. 가능한 상대의 아픔을 들어주는 데에 집중해야 한다. 충분히 들어준 다음 자신의 이야기를 해도 늦지 않다.

상대의 이야기 특히 문제점이나 어려운 일이나 힘든 일에 대해서 이야기할 때 공감능력이 더욱 요구된다. 인간은 누구나 자신의 힘든 일을 이야기하기를 꺼린다. 자존심이 있기 때문이다. 그럼에도 불구하고 말했을 때에는 적어도 상대가 들어주고 이해해주기를 바라는 마음에서 말하는 것이다. 따라서 들어주고 이해하며 상대와 같은 마음으로 공감하면서 들어주는 것이 공감을 얻는 첫 번째 비결이다.

02
# 상대의
# 마음을 읽을 줄
# 알아야 한다

필자에게 상담하러 온 한 할머니의 이야기를 들어보자. 그 할머니는 뉴욕 맨해튼 업다운 지역에 살고 있는데, 할아버지를 먼저 저세상으로 보낸 후 허전한 마음과 슬픔을 억누르고 살아가고 있었다. 그런데 자녀들의 태도가 너무 실망스러워 용기를 내어 상담실을 찾았다고 한다.

"내 나이 이제 여든 살을 넘겼습니다. 남편과 결혼생활 60년 넘게 했습니다. 얼마 전 남편이 먼저 세상을 떠났습니다. 그래서 나는 몹시 슬픕니다. 그런데 사람들은 '60년 넘게 사시다가 사별했는데 뭐가 그렇게 슬프세요?'라고 말합니다. 심지어 자식들까지 그렇게 말합니다. 나는 슬픈 척 하는 게 아닙니다. 나는 너무나 슬프고 아픈데 사람들은 그런 표현을 못하게 합니다. 그래서 너무 억울합니다."

우리는 내 마음과 상대의 마음이 같을 거라고 쉽게 단정해 버린다. 그리하여 상대가 이해하지 못하는 말을 하면 상처를 받게 된다. 상대를 제대로 이해하지 못하는 것은 자기중심적으로 생각하기 때문이다. 그러다 보니 배려는커녕 상처를 주는 말을 하게 된다

할머니는 진정으로 슬프다. 우선 그 감정을 있는 그대로 받아들이고 존중해야 한다. 슬픔에서 벗어나지 못하는 할머니에게 필요한 말은 할아버지를 잃은 것에 대한 위로다. 그렇다면 이렇게 말하면 공감을 얻는다.

"할머니! 그렇게 슬프세요. 할아버지를 정말로 많이 사랑했나 봐요."

상대방의 마음을 파악하기 위해서는 대화할 때 다음과 같은 방법으로 경청하여야 한다.


첫째, 고개를 끄덕이며 가벼운 추임새를 넣는다.

즉 리액션을 하는 것이다. 이때 성실한 태도로 해야 한다. 그렇지 않으면 영혼 없는 리액션으로 비칠 수 있다.

둘째, 끝까지 듣는다.

상대방이 말을 끝마칠 때끼지 듣는다. 중산에 말을 자르지 말아야 한다. 다만 상대방이 주제와 상관없는 말을 할 때는 제지한다.

셋째, 상대방의 말을 따라한다.

공감의 표현으로 상대방의 말을 따라하면 상대방은 당신이 잘 이해했다고 느낄 것이다. 그러면 상대방은 마음을 열어줄 것이다.

그리고는 상대방이 듣고 싶어하는 말이 무엇인지 안 다음 다른 말을 하지 말고 듣고 싶어하는 말을 하는 것이다. 이렇게 하는 것이 공감하는 길로 가는 길이다.

03
# 진심이
# 들어 있는 말

처음 만난 사람을 내 편으로 만들 수 있는 가장 흔한 방법이면서 가장 확실한 정공법은 거창한 식사 대접이나 대단한 심리 기술을 써서 상대를 현혹시키는 것이 아니다. 바로 상대를 진심으로 대하는 것이다.

누군가를 내 편으로 만들고 그 사람과 진심어린 관계를 형성하는 데는 상당한 시간과 에너지 투자가 필요하다. 바꿔 말하면, 상당한 시간과 에너지를 쏟지 않으면 상대에게 당신의 진심이 제대로 전달되지 않는다는 말도 된다. 남녀 관계만 보더라도 그렇다. 인생의 반쪽이라고 느낀 상대와 평생 함께하고자 한다면 물리적 시간과 정신적 에너지를 투자해 진심을 보여주어야 한다.

이러한 진심의 효과는 타인의 기대나 관심으로 인해 결과가 좋아지는 현상을 일컫는 '피그말리온 효과(Pygmalion effect)' 의 하나로 볼 수 있다. 누군가에게 지속적으로 진심을 표현하면 그 마음을 알아챈 상대는 그 진심과 관심에 보답하려 한다는 것이다. 즉 당신의 마음에 드는 사람이 되려 하고, 당신의 편이 되려 하는 것이다.

이렇듯 진심은 상대의 마음을 열게 하고, 그로 인해 상대의 마음을 얻게 하는 힘이 생긴다. 상대의 마음을 얻었다는 것은 상대가 내 편이 됐음을 의미하는 것이고, 이는 결국 관계의 주도권이 내게로 넘어왔음을 뜻한다. 비즈니스 관계에서도 마찬가지다. 진심 없이 목적만으로 접근하면 그 관계는 단발성으로 끝나기 십상이고, 상대 역시 내 편이 될 수 없다.

또한 매뉴얼에 써 있는 것 같은 의례적인 행동을 해서는 안 된다. 비록 진심으로 대했다 하더라도 그 행동이 의례적인 것으로 비치게 되면 그 진심이 상대에게 제대로 전달되지 않을 수 있다. 가끔씩 흡사 로봇 같은 사람을 만날 때가 있다. 어릴 적부터 억압된 교육 방식 속에 자랐거나 사회 경험이 적은 탓일 수도 있다. 그런 사람은 대화할 때도 매뉴얼을 따라하는 듯 매우 의례적이고 정해진 범위 안의 단어만 사용한다. 부자연스러운 말과 행동으로 인해 그의 진심은 상대에게 전해지지 않는다.

매일 괴롭히는 군대 선임이 "너 나 존경하냐?"라고 던진 질문에 "네, 존경합니다!"라고 기계적으로 답한 이등병의 말을 아무도 진심이라고 느끼지 않는 것처럼 말이다. 상대에게 진심을 전하고 싶다면 열린 마음으로 자연스럽게 다가가는 것이 중요하다. 그래야 상대도 자연스럽게 당신에게 다가갈 수 있다.

표정 변화가 많거나 행동이나 표현이 과해서도 안 된다. 의례적인 것만큼이나 과하게 행동하고 과하게 표현하는 것도 문제가 될 수 있다. 상대가 당신의 행동을 가식으로 받아들이고 진심을 의심하게 될 수도 있기 때문이다. 과한 표현 대신 차분히 상대의 눈을 피하지 않고 마주보는 것이 진심을 전달하는 데는 더 효과적이다.

여기서 한 가지 주의해야 할 점이 있다. 만약 상대가 기회주의적인 성향의 사람이라면 당신의 진심은 오히려 역효과를 낼 수도 있다는 사실이다.

진심으로 다가가면 그들은 그 진심을 이용하려 든다. 그들은 오로지 자신의 이익만을 생각하고 계산적인 사고를 하기 때문에 다른 사람의 인격이나 감정, 타인의 평가 등은 무시해버리고

약속도 신의도 저버리기 일쑤다. 때문에 차라리 이런 경우에는 '이에는 이, 눈에는 눈'이라는 식으로 그들의 기회주의적 속성을 사전에 차단하는 것이 필요하다.

# 04
# 전문용어가 아닌 누구나 이해할 수 있는 언어

직장에서 연차가 올라가면 업무에 관한 전문지식이 당연히 확대된다. 지식의 축적은 본인에게는 바람직한 변화이지만 일반인을 대상으로 하는 커뮤니케이션에서는 자칫 오해를 부를 수 있다. 상대가 자신과 같은 지식을 갖추고 있다는 전제하에 전문용어를 사용하며 이야기하기 때문이다. 특히 경력이 짧을수록 전문가 포스를 과시하는 경향이 있다.

익숙하지 않은 용어로 이야기하면 상대는 당연히 이해할 수 없다. 자칫 이해가 아니라 '이 사람이 나를 무시하나?'하고 오해하게 된다. 한 번 기분이 상하면 그 후 어떤 설명도 들어오지 않는다.

한 중년의 주부가 기능이 단순하고 저렴한 컴퓨터를 구입하기 위해 매장을 찾았다. 그 부인은 컴퓨터를 한 번도 사용해 본 적이 없다. 그런데 그 부인에게 하드웨어니 소프트웨어니 하면서 설명하면 그 부인은 이해하지 못할 것이다. 그녀가 가장 잘 이해할 수 있는 용어로 설명해야 한다. 예를 들어서 하드웨어와 소프트웨어의 차이를 그 부인이 자주 사용하는 조리기구와 식재료를 비유로 들어서 설명하면 이해할 것이다. 즉 소프트웨어는 식재료이고, 하드웨어는 냄비, 프라이팬 같은 조리기구라고 설명하면 바로 이해할 것이다.

업무 현장에서는 해당 분야에 대한 지식수준이 다른 상대에게 설명해야 할 경우가 많다. 판매사원과 고객, 영업부와 제작부, 관리부문과 현장 부문, 경영진과 직원, 고참 사원과 신참 사원 등이 그렇다. 이런 관계에서 본인이 익숙한 용어가 아니라 상대가 알기 쉽게 설명하려고 애쓴다면 훨씬 더 효과적인 커뮤니케이션이 될 것이고 상대를 가깝게 만들게 할 것이다.

물론 업계 사람들에게는 이런 태도는 오히려 상대를 무시한다는 인상을 줄 수 있다. 따라서 상대의 수준을 먼저 살피고 가늠해야 한다. 그러기 위해서는 다음과 같은 질문으로 자연스럽게 확인할 수 있다.

" 컴퓨터에 대해서는 알고 계십니까?"

"지금까지 설명은 이해하셨습니까?"

"궁금하신 사항은 없으십니까?"

조금만 신경을 쓰면 상대의 기분을 상하지 않게 하면서 커뮤니케이션을 원활하게 하여 상대를 가깝게 만들 수 있다.

그런데 늘 사용하던 전문 용어가 아니라 상대가 이해하기 쉬운 예로 바꾸어 말하기가 쉽지 않다. 그러기 위해서는 평소에 누구나 알아들을 수 있는 쉬운 말을 하는 습관을 들여야 한다.

누구나 쉽게 알아들을 수 있는 말, 그런 말이 누구에게나 공감을 얻는다.

05

# 정확하고
# 명쾌한 말이
# 공감을 얻는다

대화를 할 때 상대방으로부터 공감을 얻기 위해서는 전하고
자 하는 메시지가 정확하고 명쾌해야 한다. 그러면 상대방은 빨
리 이해하고 공감을 할 것이다. 하고자 하는 말이 무슨 말인지
모호하거나 분명하지 못하면 공감을 얻기가 어렵다.

또한 대화의 목적은 당신의 생각을 쉽고 빠르게 전달하여
자신이 원하는 것을 알리고 얻는 데에 있다. 말을 할 때 상대
가 알아듣기 쉽도록 간결해야 효과적이다. 같은 말도 간결하
고 쉽게 말하는 사람이 있는가 하면 길고 지루하게 말하는 사
람도 있다.

정확하고 명쾌한 말을 해야 공감을 얻기 쉬운 것은 다음과

같은 이유에서이다.

첫째, 사람들은 복잡하고 난해하거나 지루한 말은 듣기 싫어
한다.

현재 모두 바쁘게 움직이고 있으며 세상에 복잡한 일이 많이
일어나 머리가 아프고 스트레스 받는 일이 많은데, 무슨 이야
기인지 모르게 모호하게 말하거나 바쁜 사람을 앞혀 놓고 이리
돌리고 저리 돌리면서 이야기를 하면 좋아할 사람이 없다.

둘째, 했던 말을 또 하는 식의 반복적인 말을 하면 훈계 받는
기분이 들어 싫어한다.

반복적으로 이야기하면 상대방은 무시당한다는 기분이 든다.
'내가 이해력이 부족하다고 생각하고 반복해서 말하는가?' 하는
생각이 든다.

셋째, 애매모호하게 말해서는 안 된다.

대화의 목적은 상대방으로 하여금 당신의 생각을 제대로 전
달하여 당신이 원하는 것을 얻는 데에 있다. 그렇다면 애매모호
하게 말하면 상대방은 짜증이 나서 제대로 듣지 않는다. 그러면

당신이 원하는 것을 얻지 못할 것이다.

세세석으로 유명한 인사들은 모두 누구나 알아들을 수 있게 쉽고 간결하면서도 정확하고 명쾌하게 메시지를 전달했다.

대표적으로 노예를 해방시킨 링컨은 민주주의에 대해서 이렇게 설파했다.

"국민의, 국민에 의한, 국민을 위한 정치!"

미국 독립전쟁을 승리로 이끈 패트릭 헨리(Patrick Henry)는 자유에 대한 간절함을 이렇게 표현했다.

"나에게 자유를 달라. 그렇지 않으면 죽음을 달라."

이들 뿐만 아니라 많은 유명 인사들은 간결하면서도 누구나 이해할 수 있는 쉬운 말로 그러면서도 전하고자 하는 메시지는 정확하게 분명하게 말하였다. 그리하여 세계적으로 수많은 사람들로부터 공감을 이끌어 냈다.

## 01
# 자기를
# 자랑하는 말

자신의 행복에 대해 이 사람 저 사람 할 것 없이 모두 이야기하고 돌아다니지 않으면 성이 차지 않는 사람이 있다. 이런 행동이 상대방에게 큰 피해를 주는 것은 아니다. 그러나 이런 말은 어느 누구로부터 공감을 얻지 못하며, 지나치면 여러 가지로 복잡한 일을 만들 수 있다.

"우리 집 아들 녀석이 이번에 대학을 일등으로 합격했어요."

"가만히 있으려고 생각했는데 근사한 애인이 생겼어요."

"우리 집이 예전에는 대단한 가문에 좋은 집안이었다고 해요."

"나 말이에요, 이 지역에서 제일 미인이래요."

이렇게 자신을 자랑하는 사람은 얼마든지 찾아볼 수 있다. 그런데 당신은 이런 말을 들을 때 어떠한 기분이 드는가? 결코 유쾌한 기분은 들지 않을 것이다.

이런 자랑은 듣는 사람이 그 자랑을 듣고 다음과 같이 응답할 사람이 몇 사람 되지 않는다.

"아, 참으로 아주 영리한 아드님이군요."

"참으로 멋있군요."

"정말 미인입니다."

물론 예의상 이렇게 말할 수 있겠지만, 마음속에서는 실소를 참고 있을 것이다. 사람은 누구든지, 어떠한 경우에도 진심으로 축복을 보내는 것은 결코 쉬운 일이 아니다. 정말 가까운 가족이나 친척이라면 진심에서 기쁜 마음으로 말할 수 있을 것이다.

하지만 대개의 경우 타인이 자신의 행복을 자랑할 때는 그 행복이 크면 클수록 질투의 감정이 생기게 된다. 어떻게 보면 소심한 인간의 단면이기도 하겠지만, 생각 없는 자기 자랑으로 인해 주변 사람들을 소심한 사람으로 만드는 것이 더 큰 문제가 아니겠는가? 자기 자랑은 사람들로부터 공감을 얻지 못한다. 따라서 자신과 가장 가까운 사람한테도 삼가는 것이 도리다.

02

# 비난의 말은
# 상처를 준다

프랭클린 루스벨트(Franklin Delano Roosevelt)는 여러 가지로
결점이 많은 사람이었다. 그는 어려서 병원에서 소아마비 진단
을 받아 치명적인 장애를 갖고 있었으며, 게다가 불륜 때문에
이혼한 경험도 있었고, 가톨릭 신자라는 것도 개신교인이 압도
적으로 많은 미국에서 대통령이 되려는 정치인에게 큰 약점이었
다. 그럼에도 그는 대통령에 당선되었으며 위대한 업적을 남길
수 있었던 것은 그에게는 뛰어난 보좌관 루이스 하우가 있었기
때문이다.

루이스 하우 보좌관은 다른 보좌관처럼 자리보전을 위해서
듣기 좋은 말만 하는 보좌관이 아니었다. 거침없이 조언을 하고

비판을 잘하는 보좌관이었다.

"그것은 잘못된 생각입니다."

"절대 그렇게 해서는 안 됩니다. 그것은 위험천만한 일입니다."

일개 보좌관으로서 감히 하기 힘든 비판을 주저하지 않고 거침없이 했다. 그런데 그의 비판은 합리적이었으며 이성적이었다. 그는 루스벨트의 처신과 생각, 정책에 대해서 조목조목 비판했다. 일어날 수 있는 모든 허점을 지적하면서도 루스벨트의 곁을 떠나지 않았다. 그는 비판을 통해 허점투성이의 루스벨트를 위대한 대통령으로 발전시켰던 것이다.

이렇듯 합리적이고 이성적인 비판은 사람과 조직을 발전하게 하는 데에 크게 기여한다. 건설적인 비판은 모순과 약점을 찾아내어 합리적으로 지적하여 극복할 수 있도록 보완책을 제시한다. 그리하여 비판은 긍정적인 관계를 만든다.

비판할 때는 차분하면서도 이성적인 말투로 한다. 예를 들어서 이렇게 한다.

"자네 이번 제안은 잘못되었네. 그 이유는 뭔가 하면……."

"당신 언행에 실망했어. 그렇게 하지 않았으면 좋겠어."

비난은 비판과 다르다. 비난은 사실과 맞지 않게 감정적으로 헐뜯는 것을 말한다. 예를 들어서 대선 후보 토론 때 상대방의 말은 듣지 않으면서 약점만 물고 늘어지는 것은 비판이 아니라 비난이다. 이것은 공격을 위한 공격에 지나지 않는다. 자신과 상대방에게 아무런 이득이 없다.

비난의 말투는 아무런 근거도 없이 감정적으로 언성을 높인다.

"이런 걸 제안이라고 올리고 있나?"

"또 그 짓이야. 가정교육을 어떻게 받은 건지 의심스럽네."

이렇게 인신 공격적이고 설득력이 떨어지는 비난은 상대에게 상처만 주고 관계를 파괴하는 폭력과 같은 것이다.

비판은 사람이나 조직을 성장하게 하지만 비난은 쉽게 회복할 수 없는 상처만 준다. 따라서 비난은 어느 누구로부터도 공감을 얻을 수 없다.

03

# 허세를
# 부리는 말


자존심이 강한 사람이 빠지기 쉬운 것이 '허세'다.

허세를 부리기 좋아하는 사람과 대화를 하다가 보면, 다른 사람을 칭찬하면 그들은 금방 얼굴이 붉어지거나 표를 낸다. 그리고 눈앞에 있는 사람이 스스럼없는 상대라면 "그 정도는 누구나 할 수 있어.""그 정도 가지고 뭐 그렇게 칭찬하고 야단이야." 하고 말한다. 그렇지 않은 경우에는 불쾌감을 나타낸다. 갑자기 오래전에 자신이 성공한 얘기를 꺼낸다. 그들은 다른 사람에 대한 칭찬이나 자랑은 도저히 들을 수 없다는 것이다.

결국 그런 사람은 "내가 그 입장이라면 그 정도의 일은 할 수 있다."라고 말하고 싶은 것이다. 그리고 자신이 더 능력 있다는 것을 알아주기를 바라면서 안달을 한다. 다른 사람이 잘한 일은 깎아내리고, 자기와 가까운 사람들의 이야기에 대해서는 적당히 눈 가리고 아웅 하는 식의 칭찬밖에 하지 않는다.

허세를 부리는 사람은 자신의 실력을 과대평가한다. 어떤 일을 의뢰하면 "그런 일은 간단히 할 수 있어." 하고 두말 하지 않고 받아들인다. 너무 자신감에 넘쳐서 말하기 때문에 믿고 일을 맡기면 일을 제대로 하지 못한다. 실력이 따라 주지 않기 때문에 당연하지만 정한 시간 내에 일을 마치지도 못한다. 해 놓은 일도 수준 이하이다.

그런데 누군가가 일이 수준 이하라고 지적하면 그는 이렇게 변명한다.

"이번 일은 나에게 안 맞는 거였어."

"마침 다른 일이 생겨서 시간이 부족해서 좀 소홀히 했어."

"컴퓨터에 문제가 생겨서 한동안 일을 못했어." 등등 변명을 늘어놓는다.

허세를 부리는 사람은 다른 사람들로부터 지적받기 전에 미리 선수를 쳐 "이번에는 사정이 있어서 제대로 일을 못했어."라고 강조하면서 변명한다.

허세 부리는 사람이 말하고 싶은 것은 "이번의 실수는 아주

드문 일이고 실력이 없어서 그런 것은 아니다."라는 말 뿐이다. 그리고도 그 허세를 버리지 못하여 "좀더 제대로 된 일이라면 일할 의욕이 날 텐데……."라고 말한다.

그 때 누군가가 "당신은 실력이 없으니까 이런 일밖에 할 수 없습니다. 자신의 능력을 알고 제대로 노력하세요."라고 말하며 토라져서 일을 내던지고 밖으로 횡 하고 나가 버린다. 그러면 "저 인간은 나를 이해하지 못해."하고 화를 낸다.

허세를 부리는 사람은 자신감이 없는 사람이다. 그리하여 일을 제대로 처리하지 못한다. 그러면서도 자신이 실력이 없음을 스스로 인정하고 싶지 않기 때문에 허세를 부리는 것이다.

이렇게 허세를 부리는 사람들의 이야기는 참으로 듣기 거북하다. 듣는 시간이 아까울 정도로 듣기 싫은 것이다.

허세를 부리는 말은 어느 누구에게도 공감을 얻을 수 없다. 허세는 그 자신만을 위한 대화밖에 하지 못하며, 주위 사람들로부터 외면당한다.

# 04
# 상대방을
# 가르치려는 말투

대화를 하면서 자주 실수하기 좋은 것이 상대를 가르치려는 말을 하는 것이다. 사람은 누구나 자기를 가르치려 하면 기분이 나빠지고 자존심이 상한다. 사람들이 자기를 가르치려는 말에 기분이 상하는 이유로 다음 두 가지를 들 수 있다.

첫째, 자신이 상대방보다 못하다는 자격지심이 들기 때문이다.

상대방이 대화를 하면서 "그렇게 하면 안 되지. 이렇게 하는 거야."라고 말하면 그 말을 듣고 있는 순간에 자신이 상대방보다 못하다는 생각이 들면서 기분이 나빠진다.

둘째는 자신이 무시당한다고 생각하는 것이다.

상대방이 자신을 무시한다는 생각을 하게 되면 자존심이 상하고 반감이 생긴다. 그래서 "당신이나 잘 해!"라는 말을 하게 된다. 따라서 상대방에게 당신의 생각을 전달할 때 가르치려는 듯한 말을 해서는 안 된다.

사람에게는 자존심은 아킬레스건과 같다. 자존심이 상했다고 생각하면 물불을 가리지 않고 덤벼드는 사람도 있다. 사람에 따라서 자존심은 목숨처럼 귀한 것이다. 그러므로 자신이 무시당했다고 생각하면 화를 내는 게 당연하다. 그러므로 대화를 할 때 무의식적으로나 의식적으로나 상대방을 가르치려는 듯한 말은 삼가해야 한다. 상대방으로부터 무엇을 얻기 위한 대화를 할 때는 특히 삼가해야 한다.

상대방의 기분을 끌어올리면서 동시에 당신의 생각을 전달하는 대화 방법으로는 상대방에게 답변을 구하는 방식이 있다.

"나는 이 문제에 대하여 이렇게 생각하는데 당신의 생각은 어때?"하는 식으로 물으면 상대방은 자신감 있게 자신의 생각을 자연스럽게 말한다. 이때 상대방은 자신의 생각과 당신이 갖고 있는 생각과 비교를 한다. 비교해 보고 나서 당신의 생각이 옳다는 판단이 들면 "얘기를 듣고 보니 당신 말이 옳은 것 같다." 라고 말할 것이다.

어느 심리학자는 "무엇을 말하기 전에 상대방의 입장에서 생각하라."고 말하였다. 상대방의 입장에서 보면 좋은 마음으로 받아들일 수 있는지를 알 수 있다는 것이다. 상대방의 마음을 잘 알고 이야기하는 것과 그렇지 않고 말하는 것은 하늘과 땅 차이만큼 크다.

대화할 때 상대를 가르치는 말을 하지 않고 자신의 의견을 먼저 말한 다음 상대방의 생각을 묻는 방법에는 상대에 대한 존경심과 정중함이 묻어 있다. 그래서 상대는 마음을 여는 것이다. 이런 방법이 공감을 얻는 방법 중의 하나이다.

05
# 배려가
# 없는 말

미국 뉴욕 맨해튼 다운타운지역에 사는 어느 부자가 아흔 살 생신을 맞이하였다. 그날이 공교롭게도 정월 초하루여서 미국에 살고 있는 친족들까지 찾아와서 아흔 살을 맞이한 생신을 축하했다.

윌리엄스버그 북부지역에 살고 있는 한 조카가 절을 한 다음 "100세 인생을 누리세요."라고 말했다. 그러자 그 노인은 화를 내면서 말했다.

"내 나이 이제 아흔 살인데 100세까지 살라고 하면 겨우 10년 밖에 살지 말라는 얘기냐?"생각할수록 화가 난 그 노인은 그 조카를 쫓아냈다.

그러자 뉴욕 맨해튼 미드타운 지역에 살고 있는 한 조카는 절을 한 후 이렇게 말했다.

"100세를 누리시고 또 한 번 100세를 누리십시오."

그러자 그 노인은 기뻐하면서 말했다.

"오, 그래. 고맙다. 축수를 하려면 제대로 해야 도리이지. 낙후된 곳에서 사니 축수하는 예법도 잊어버렸구나."

그러면서 그 노인은 "100세를 누리고 또 한 번 100세를 누리라."고 말한 조카에게 사업을 할 수 있을 정도로 용돈을 많이 주었다.

아무리 '100세 시대'라고 하지만 100세를 사는 사람은 그렇게 흔하지 않다. 그럼에도 아흔 살인 그 부자 노인은 "100세 인생을 누리세요."라고 한 말이 화가 나는 것은 계속 더 살고 싶은 마음이 있는데 "꼭 100세까지만 사세요."하는 소리로 들린 것이다. 낙후된 지역에 사는 조카는 계속 더 장수하고 싶은 노인의 마음을 배려하지 못해서 그런 말이 나온 것이다.

중국 전설적인 인물 가운데 팽조라는 사람이 있다. 이 사람은 800년을 살았다고 한다. 그는 꿩 탕을 만드는 재주가 있어 꿩 탕을 맛있게 끓여 천제에게 바쳐 800세를 살았다고 한다. 그런데 그가 800년을 살고 죽을 때 자신의 단명을 한탄했다고 한다. 사람들이 오래 살고 싶은 욕심은 끝이 없는 것이다.

노인들이 "이제 죽어야지."하고 입버릇처럼 말한다. 그것은 진심이 아니다. 사람들의 이런 마음을 헤아리지 못하면 공감을 얻는 데에 실패한다. 공감을 얻기 위해서는 상대의 처지를 바꾸어 생각할 필요가 있다.

우리는 어떤 말과 행동을 칭찬하고 어떤 말을 비난하는지를 판단할 때 그 '감동적인 배려'가 들어 있는 말과 행동을 기준으로 삼는다. '감동적인 배려'가 들어 있으면 칭찬한다. 반면에 '매정한 처사'라고 생각하는 말과 행동을 비난한다.

배려는 공감에서 나온다. '공감'이라고 하는 것은 남의 감정, 의견, 주장 따위에 자신도 그렇다고 느끼는 기분이다. 타인과 함께 하기 위해 그들의 의견이나 감정을 공유하는 것을 말한다. 다시 말해서 역지사지(易地思之) 입장에서 생각하고 행동하는 것을 말한다.

이렇게 상대의 입장에서 생각할 줄 모르면 공감할 수 없는 것이다. 상대를 배려할 줄 모르면 공감하지 못한다.

Part_4
공감을 얻는 말, 공감을 얻지 못하는 말

145

# 힘이 되는 말, 힘 빠지게 하는 말

# 01
# 격려는
# 기적을 부른다

스코틀랜드에서 태어난 한 소년이 있었다. 소년은 매우 내성적인 성격의 소유자로 학업 성적이 매우 부진했다. 학교에서 '보충반'에 들어서 수업이 끝난 후에 보충교육을 받으며 성장했다.

어느 날 그 소년은 어느 유명한 시인들의 시 전시회에 참석했다. 그 소년은 한 편의 시를 지어 한쪽 벽에 붙여 놓았다. 이 전시회에 스코틀랜드의 유명한 시인 로버트 번스(Robert Burns)도 참석했다. 번스는 한 작품을 가리키며 사람들에게 물었다.

"이 작품의 저자는 누구입니까? 아주 훌륭한 작품이군요."

그러나 어느 누구도 대답하지 않았다. 그 때 그 소년은 자기의 이름을 말하고 시를 암송했다. 번스는 소년의 머리를 쓰다

듣어주며 칭찬했다.

"너는 위대한 시인이 될 거야."

소년은 이 칭찬 한마디에 힘이 되어 그때부터 문학 공부를 하여 작가가 되었다. 이 소년이 바로 영국의 유명한 시인이자 소설가인 월터 스콧(Water Scott)이다.

많은 말 중에 가장 귀하고 아름다운 말은 격려의 말이다. 그래서 사람들은 격려의 말을 예술이라고 표현한다. 많은 사람들이 유명한 화가나 작가가 될 수 없지만 사람들에게 좋은 영향을 미치는 '격려의 예술가'는 될 수 있다. 타이밍에 맞게 격려하여 용기를 주는 격려의 예술가는 누구도 될 수 있는 것이다.

미국의 작가 마크 트웨인(Mark Twain)은 "멋진 칭찬을 들으면 그것만 먹어도 두 달은 살 수 있다."고 말했다. 칭찬이 그만큼 힘이 있고, 그 영향이 크다는 의미다. 그런데 오늘날의 많은 사람들은 격려와 칭찬의 말에 목말라 있다.

격려는 기적을 낳는다. 격려는 도저히 불가능한 일을 하게 한다. 그리하여 기적을 낳는다고 말하는 것이다.

격려하면 받는 사람의 기쁨이 크지만, 격려하는 사람에게도 기쁨이 남는다. 격려는 꽃과 같아서 그것을 주는 사람의 손에 향기가 남는다.

그러나 칭찬은 장소와 때를 구별해서 해야 한다. 지나치게 칭찬만 듣고 건설적인 비판은 듣지 못하고 자란 사람은 소위 자기 애착 성격장애 증세를 보일 수도 있다. 이 증세가 있는 사람은 남의 지적이나 비판을 견딜  수 없어하고 끊임없이 남들로부터 인정을 받아야만 심리적인 안정을 얻으며 스스로 대단히 잘났다고 착각하며 산다.

누구나 좋아하는 격려의 말 가운데 베스트 열 가지를 뽑으라면 다음과 같다.


‡ 나는 너를 믿는다!

‡ 너보다 잘하는 사람을 본 적이 없다!

‡ 바로 그거야!

‡ 넌 나를 기쁘게 하는구나!

‡ 놀랍구나!

‡ 대단하구나!

‡ 네가 잘해낼 줄 알았다.!

‡ 네가 그렇게 하는 걸 보니 정말 자랑스럽구나!

‡ 열심히 했구나!

‡ 어쩌면 그런 생각을 했니!

격려의 말은 듣는 사람에게 힘을 주어 어떤 난관도 헤쳐나가게 만든다.

## 02
## 동기부여의
## 최고의 수단,
## 칭찬하는 말

칭찬은 인간을 격려시키고 동기부여를 하는 데 있어서 가장 중요한 요소로 작용한다. 칭찬은 상대의 인품과 능력을 인정하는 것이기 때문에 그런 놀라운 작용을 하게 되는 것이다.

세계적으로 유명한 테너 가수 엔리코 카루소(Enrico Caruso)는 가난한 집에서 태어나 소년시절 때부터 공장에서 일을 하면서 생활했다. 그러나 그에게는 가수가 되겠다는 꿈이 있었다. 그의 어머니는 그의 노래를 들을 때마다 칭찬을 아끼지 않아 그가 꿈을 잃지 않게 했다.

카루소는 어느 날 한 선생님을 찾아가 노래를 했다. 그러나 그 선생님은 칭찬을 하지 않았다. 침울해서 돌아오는 카루소에게 어머니는 그의 노래 솜씨를 인정해주고 칭찬해 주었다.

용기를 얻은 카루소는 얼마 후 다시 다른 선생님을 찾아갔다. 그 선생님은 카루소의 노래를 듣고 칭찬을 아끼지 않았다. 그때부터 열심히 노력하여 세계 최고 테너가수가 되었다.

효과적으로 칭찬하는 방법에는 다음과 같은 네 가지 방법이 있다.


첫째, 그 사람의 외모를 칭찬하는 것이다.

사람들은 무엇보다도 외모에 대해서 칭찬을 들으면 좋아한다. 특히 오늘날 같은 외모지상주의에서 외모를 칭찬하면 더욱 호감을 얻는다.

둘째, 그 사람이 한 일을 칭찬한다.

한 일을 칭찬하는 것은 그 사람의 능력을 인정하고 칭찬하는 것이 된다.

"잘 했어." "너에게 이런 능력이 있는 줄 미처 몰랐어."라고 말하는 것과  같이 능력에 대한 칭찬은 더욱 잘할 수 있도록 하는 동기부여가 된다.

셋째, 그 사람의 가치를 칭찬하는 것이다.

이것은 상대의 인격을 칭찬하는 것이 된다.

"너는 기대를 버리지 않게 하는 멋진 친구야."라고 말하는 칭찬은 그 사람의 가치를 인정하는 칭찬이 된다.

넷째, 그 사람의 장점을 칭찬한다.

사람은 누구나 장점과 단점을 가지고 있다. 장점을 찾아서 칭찬하면 어떤 칭찬보다 효과가 있다. 사람은 장점을 보기보다는 단점을 보기 쉽고, 장점을 말하기보다는 단점을 지적하기 쉬운 것이 인간의 본능이기 때문에 장점을 찾아 칭찬하면 상대는 감사함을 느끼기까지 한다.

힘이
되는 말

## 03
# 기쁨이 되는
# 말을 하라

아무리 많은 세월이 흐른다 해도 인간 그 자체는 조금도 변하지 않는다. 그러나 시대에 따라 사람의 생각이나 가치관은 변하는 것이다.

옛날이나 지금이나 세상의 모든 사람은 행복을 바라면서 살고 있다.

이 점에 관한 한, 몇천 년이 지날지라도 행복하게 살고 싶다는 인간의 염원은 변하지 않을 것이다. 다만 무엇을 행복이라고 하느냐는 시대에 따라 달라진다. 이 점을 분명하게 인식하지 못하는 한, 인간관계의 바탕이 흐려지고 만다. 서로가 자기에게 기쁨을 가져다 줄 것이라는 기분이 들어야 하기 때문이다. 그리고 그러한 사람이 되기 위해서는 '기쁨을 가져다 줄 사람은 밝은 사람'임을 잊어서는 안 된다.

기쁨을 주는 일 가운데 미소, 즉 웃는 얼굴은 사람들에게 기쁨을 준다. 항상 찡그리고 있는 사람에게서는 기쁨을 느낄 수 없기 때문이다.

모든 인간관계에는 항상 '동류 반응의 원칙'이 작용한다. 당신의 태도에 따라 상대방도 똑같은 행동을 한다는 것을 말하는 것이다.

만일 당신이 침울하면 상대방도 침울해진다. 당신이 명랑하면 상대방도 명랑해진다.

즐거운 분위기를 조성하는 사람과 자기가 내세우는 감정의 분위기에 휘말려 제멋대로인 사람과의 차이를 비교해 보자.

샬럿 길 양은 다른 사람에게 무엇인가를 바랄 때에는 자기편에서 여유와 우정, 진심 등의 분위기를 조성하는 데 반해 헬렌 니어링 양은 제멋대로 행동하기 때문에 이러한 분위기를 조성하지 못한다.

샬럿 길 양은 자기의 계획이 상대방에게 반드시 필요하다는 인상을 주고 싶을 때에는 그것이 받아들여져야 할 이유를 열심히 설명하는 데 반해 헬렌 니어링 양은 그러한 자료를 제시하지 않는다.

샬럿 길 양은 처음 만나는 사람에게는 자기편에서 지체 없이 머리를 숙이고 맞이하는 데 반해 헬렌 니어링 양은 상대방이 먼저 말을 걸어오기를 기다린다.

샬럿 길 양은 상대방의 신뢰를 얻고 싶을 때는 결연한 태도로 자신을 가지고 행동하는 데 반해 헬렌 니어링 양은 상대방이 자기를 신뢰하여 주었으면 하고 바랄 뿐이다.

두 사람 중 누가 기쁨을 주는 사람일까? 기쁨을 주는 사람이 우리에게 힘을 주는 사람이다.

04
가급적 짧게
요점을 말할 때
힘이 있다

대화에 있어서 화제에 벗어나지 않고 핵심을 찌르는 말은 짧을수록 강한 인상을 준다. 장황한 말보다는 직접적인 표현이 호소력이 있다는 것이다. 특히 상사에게 보고할 때, 핵심을 짧게 하는 것이 상사들이 원하는 것이다.

오늘날 생활의 속도가 점차 빨라지면서 말의 속도도 중요해졌다. 따라서 현대인들은 너저분하고 긴 이야기보다 간단명료한 대답을 좋아한다.

한 신문사에서 현재 최고의 인기를 누리고 있는 모 여배우의 사진이 필요했다. 그래서 베테랑 기자에게 사진을 촬영해 오라고 지시했다. 그 기자는 그녀의 집 앞에서 그녀의 사진을 촬영

하려고 여러 번 시도했으나 실패했다. 그래서 할 수 없이 그 기자는 신입기자에게 그 일을 부탁했다. 물론 그 일이 그렇게 쉬운 일이 아니라는 말도 잊지 않았다. 그런데 그 신입기자는 채 한 시간도 되지 않아 그녀의 사진을 찍어가지고 돌아왔다.

깜짝 놀란 베테랑 기자가 어떤 방법으로 촬영했는가를 물었다.

"무슨 좋은 묘책이라도 있었나?"

"아뇨, 그냥 부탁했을 뿐인데요."

"아니 그냥 부탁했을 뿐이라니?"

베테랑 기자는 놀라지 않을 수 없었다.

신입기자는 뉴욕 맨해튼에 소재한 그녀의 집에 찾아가 초인종을 누른 후 그녀가 나오자 아무 거리낌없이 말했다.

"신문에 쓸 당신의 사진이 필요해서 찾아왔습니다."라고 말했고, 그 배우는 신입기자에게 미소를 지으면서 선선히 응하더라는 것이었다.

이처럼 짧고 핵심적인 말은 상대에게 강한 인상을 준다.

우리의 일상대화는 거의가 설명형이다. 한 가지를 말하더라도 수식어가 여러 개가 나열된다. 게다가 상대의 이해를 돕는다는 이유로 자꾸 말을 늘린다.

상대의 마음에 강한 인상을 주는 말은 단순히 목소리가 좋고, 말솜씨가 우아한 말이 아니다. 짧으면서도 핵심이 들어 있는 말이다. 따라서 당신은 직장에서나 사회생활에서 상대에게 강한 인상을 남기고 힘이 있는 말을 하기 원한다면 짧으면서도 핵심을 찌르는 말을 하도록 해야 한다.

05
# 진솔한 관심에서
# 하는 말이
# 힘이 된다

사람은 누구나 상대가 자신에게 관심을 가져주기를 원한다. 상대방이 자신에게 관심을 가지면 자신이 특별한 사람, 또는 잘난 사람으로 스스로 여기게 된다.

사람은 타인으로부터 인정받고 주목받기를 원하는 욕구가 있다. 따라서 상대로부터 관심을 받게 되면 이런 욕구가 어느 정도 충족되기 때문에 기분이 좋은 것이다.

상대가 자신에게 관심을 갖도록 하는 방법으로는 몇 가지가 있다.

첫째, 상대방의 취미나 특기에 관심을 갖는 것이다.

사람들은 자신의 취미나 특기에 관심을 가져주는 사람에게 호감을 느낀다.

상대방에게 취미를 물어본 다음 "참 좋은 취미를 가지고 있습니다."라는 말 한마디만 해도 상대는 당신에게 호감을 가질 것이다. 상대방에게 취미나 특기를 물어보는 것만으로도 충분히 관심을 이끌어낼 수 있다.

둘째, 상대방과의 공감대를 형성한다.

상대방이 좋아하는 음식, 운동, 물건 등에 대해서 이야기를 하면 자연히 공감대가 형성되어 관심을 이끌어낼 수 있다.

"그 음악 좋아하시는군요. 나도 좋아해서 자주 듣습니다."라고 말하면 공통점을 가졌다는 것으로 공감대가 이루어져 상대방의 마음을 열게 할 수 있다.

셋째, 대화에서 상대방이 당신보다 더 많은 말을 할 수 있도록 기회를 주는 것이다.

그러면 당신에 대해서 좋은 인상을 갖게 된다. 양보심과 배려하는 마음이 많다고 생각하는 것이다. 이런 마음을 갖게 되면 자연히 대화가 통하게 되고 소통이 원활히 이루어진다.

넷째, 상대방의 이름이나 직책을 자주 불러주는 것이다.

대화를 하면서 "스미스 씨 혹은 스미스 부장님!"이라는 호칭을 자주 부르면서 이야기를 한다. 그러면 친밀감을 느끼게 되고, 서먹서먹한 관계를 호전시키는 데에 효과적이다.

타인에 대한 관심이 많은 것으로 유명한 정치인은 미국의 26대 대통령 시어도어 루스벨트(Theodore Roosevelt)다. 그의 참모로 일했던 제임스 E. 아모스가 쓴 〈부하의 존경을 받는 루스벨트〉에서 다음과 같은 일화를 소개했다.

"언젠가 나의 아내는 루스벨트에게 메추라기에 대해서 물어본 일이 있었다. 루스벨트는 메추라기에 대해서 상세히 설명해 주었다. 그리고 나서 얼마 후 루스벨트로부터 전화가 왔다. 아내가 받자 루스벨트는 지금 밖을 내다보면 메추라기를 볼 수 있을 것이라고 말하였다. 아내는 전화를 끊고 밖을 내다보았다. 무리지어 앉아 있는 메추라기를 볼 수 있었다. 아내는 내게 말했다. '여보, 대통령은 참 자상한 분이세요.'"

루스벨트는 타인에 대한 따뜻한 관심이 있었기에 더욱 존경받았는지도 모른다.

"다른 사람에게 관심을 갖지 않은 사람은 인생에서 가장 큰 어려움을 가진 사람이고, 다른 사람에게 큰 해를 입히는 사람이기도 하다. 인간관계에서 모든 실패의 원인은 다른 사람에게 관심을 가지고 있지 않은 것이다."

유명한 심리학자 알프레드 애들러(Alfred Adler)의 말이다. 뒤집어서 말하면 다른 사람에게 관심을 가질 때 어려움도 닥치지 않으며 성공할 수 있다는 것이다.

상대에게 진솔한 관심을 가지고 하는 말이 상대에게 힘을 주는 첩경이다.

01

# 생각없이 던진
# 말 한마디

어느 천주교의 성찬식에서 일어난 일이다. 한 소년이 포도주를 나르다가 그만 넘어지면서 포도주를 흘리고 말았다. 이를 본 신부는 그 아이의 볼을 때리면서 호되게 야단을 쳤다.

"너 같은 아이는 다시는 성당에 오지 말았으면 좋겠다."

그 아이가 바로 나중에 커서 유고의 공산주의 지도자가 된 티토 대통령이다.

"날카로운 말은 외과의사도 치료할 수 없는 상처를 준다."

T. 처치야드의 말이다.

또 다른 성당에서 같은 일이 벌어졌다. 한 소년이 넘어지면서 포도주를 엎질렀다. 그러나 그것을 목도한 신부는 그 아이에게 말했다.

"괜찮다. 포도주를 나르는 모습을 보니 너는 커서 훌륭한 신부가 되겠구나!"

그 아이는 자라서 그 신부의 말대로 신부가 되었다. 그가 바로 유명한 휠튼 쉬인 대주교이다.

이처럼 말 한마디가 한 사람의 운명을 좌우할 수 있다. 아무렇지도 않게 던진 말 한마디로 인해서 힘이 되기도 하고 또한 엄청난 상처를 줄 수도 있다. 그러나 정성스럽게 한 따뜻한 한마디의 격려가 그 사람에게 큰 비전을 갖게 하고 인생을 새롭게 살 수 있는 기회를 줄 수 있다. 생각 없이 한 말 한마디가 사람을 살리기도 하고 죽이기도 한다.

충고로 사람을 변화시킬 수 있다고 말하는 사람들이 있는데, 결코 아니다. 잘못된 생각이다. 그 사람을 위한 충고라고 해서 그 사람이 그 충고로 결단코 변화되지 않는다. 그 충고를 자기를 위한 것이 아니라 비판으로 받아들이기 쉽다.

부하가 실수를 했을 때 갑자기 큰 소리로 호통을 치는 경우가 많다. 그러면 그 부하는 야단맞은 것에 반항심을 품게 되고, 그 후부터는 어떤 선의의 충고도 들어오지 않을 것이다. 결국 충고나 조언도 쇠귀에 경 읽기가 되어 버린다.

하급자가 불의의 실수를 했을 때 불 같은 성격을 가진 상급자는 따뜻한 격려보다는 분노를 폭발하거나 무분별하거나 억압적인 자세로 충고를 한다. 충고를 들은 그 부하는 그 상사에 대해서 고마움을 느끼기는커녕 마음에 씻을 수 없는 큰 상처를 받게 된다.

02
# 입에 담을 수
# 없는 욕설

 

 

욕설은 사용하는 목적에 따라 보통 세 가지로 구분된다. 첫째는 공격을 목적으로 하는 욕이다. 둘째는 카타르시스를 목적으로 하는 욕이다. 마지막으로 친근감을 표시하기 위해서 하는 욕이다. 친근감을 표현하기 위해 하는 욕은 엄밀히 말해 욕이라고 말할 수 없다. 막역한 사이에 거칠 것이 없다는 뜻이므로 욕지거리가 결속을 강화시키는 촉매제 역할을 한다고 볼 수 있다.

'공격을 목적으로 하는 욕'은 대개 폭력으로 번진다는 입장에서 그 자체가 준 폭력인데, 이런 공격적인 욕은 어떤 경우에도 심한 상처를 준다.

'카타르시스를 위한 욕'은 대개 제삼자나 상대방이 들을 수 없는 경우에 하는 욕이다. 비좁은 도로에서 모든 차가 순서를 기다리고 있는데 갑자기 어떤 차가 앞에서 끼어들 때, 회사와 그 회사의 모든 직원들을 대표해서 중책을 맡은 사람이 그저 돌아다니면서 회사를 위해서 일하지 않고 사리사욕을 차릴 때, 그들을 향해 욕을 퍼부음으로써 간접적으로 공격성을 해소하는 것이다. 물론 이러한 행위는 자신을 위한 카타르시스는 될지언정 모두를 위한 바람직한 행동은 되지 못한다. 그저 울분을 달래기 위한 최소한의 항변이라고 할 수 있다.

더 나쁜 경우는 앞에서는 달콤한 말을 하면서 뒤에서는 온갖 욕을 하고 다니는 사람들에게서 나타난다. 이러한 유형의 욕은 본인들에게는 스트레스가 해소될지 모르지만, 조직에 있어서는 치명적인 비능률을 조장한다.

사회가 전반적으로 욕을 통해서 모든 것을 해소해 버리는 경향으로 흐른다면 그 욕은 우리의 미래를 썩게 만드는 보이지 않는 병균이 될 수도 있다. 이럴 경우 욕 자체가 문제가 아니라 욕을 사용하는 사람 자체에 문제가 있다는 것이다.

물론 세상을 살다 보면 욕도 먹고 욕도 하게 된다. 사람이 감정의 동물이기에 그렇다. 문제는 욕을 먹을 때의 처신과 욕할 때의 품격이다.

욕에도 품격이 있다. 욕은 욕이로되 욕 같지 않은 말이 있는가 하면, 들으면 바로 귀를 씻어야 할 상스럽고 천한 욕도 있다. 욕을 전혀 안 쓰고도 품위 있는 언어, 누구와도 잘 통하는 대화를 할 수 있다면 언어생활에서 그보다 좋을 수는 없지만, 어떤 경우에도 말의 품위로 그 사람의 인격의 수준을 평가받기 마련이라는 점을 잊어서는 안 된다.

무엇보다도 공격형의 욕은 상대에게 쉽게 고칠 수 없는 깊은 상처를 준다는 점에서, 그리고 욕을 하는 자신도 그만큼 인격과 품위가 손상된다는 점을 명심할 필요가 있다.

03
약점을
건드리는 말은
비소가 된다

누구에게나 감추고 싶은 비밀이 있다. 그러므로 자칫 상대방의 비밀을 잘못 건드리면 설득은커녕 그로 인해 더 큰 화를 입을 수도 있다. 진실 게임에서도 때로는 알아도 모른 척할 때가 있다는 뜻이다. 상사가 회식 때 한 술주정을 재미있다고 그 다음날 여러 사람 앞에서 공개적으로 말한다거나, 상사가 가슴 아프게 생각하는 약점을 거리낌없이 떠들고 다닌다면 그는 결국 화를 입게 될 것이다.

상대의 약점을 건드리는 것은 상처에 소금을 뿌리는 것과 같은 큰 아픔을 준다. 특히 무의식중에라도 상대의 신체적인 콤플렉스는 언급을 하지 않는 것이 예의다. 아무리 상대가 마음에 들어도 자신의 아픈 상처에 소금을 뿌린다면 그 결과는 뻔하다.

상대방의 호감을 사기 위해 사소한 거짓말이라도 하기 시작하면 그것은 상대에게 슬픔과 실망감을 가져다주어 훗날 이별의 씨앗이 된다. 우화에 나오는 양치기 소년처럼 거짓말은 계속 거짓말을 낳을 뿐, 나중에 탄로가 나면 수습도 못하게 된다.

또한 상대방에게 모든 것을 보여주겠다는 생각에서 하는 말은 즐거움을 주지 못한다. 상대가 편하다는 생각이 들면 처음 만난 사람에게도 할 얘기 안 할 얘기를 가리지 않고 모두 다 말해 버리는 경우가 있는데, 대화할 때 이런 우를 범하지 않도록 특별히 유의해야 한다. 마음에 드는 상대일수록 상대에게 신비감을 줄 필요가 있다. 모든 것을 알았을 때는 신뢰보다는 실망하기가 쉽다. 스스로 이실직고하는 것은 스스로 무덤을 파는 것이 된다. "말 때문에 우리는 높은 수준에 올라갈 수 있었고, 또한 말 때문에 악마의 수준으로 자주 떨어지기도 한다." 올더스 헉슬리의 말이다.

또한 슬픔과 실망을 주는 말로는 단점을 보여주는 말이 있다. 무의식중에 상대방에게 불쾌하게 하는 버릇이 있는 사람이 있다. 예를 들어서 식사를 할 때 소리를 내거나 커피를 마실 때 후후 불면서 마시는 습관, 손가락으로 코를 후비는 습관, 성냥

개비를 무심코 부러뜨리는 행동 등이다. 이런 무심코 하는 행동
은 상대를 불쾌하게 하거나 실망을 가져다주는 행위이다.

04
# 자기중심적인
# 말은
# 힘 빠지게 한다

회사원인 안나 로드 양은 사내에서도 한층 눈에 띄는 미인이었다. 게다가 명문대까지 나온 수재였다. 그 때문에 그 여사원은 남자사원들에게 인기가 많았다.

하지만 어떤 이유인지 어떤 교제든 오래 지속하지 못했다. 의아하게 생각한 필자는 친분이 있는 남자사원이며 한때 그녀와 교제를 했던 스티브 킹 군에게 그 사정을 물어보았다.

"그 여자 똑똑하고 성격도 좋지만, 이야기를 하고 있으면 재미가 없습니다."

킹 군은 싱겁게 대답했다. 그래서 필자가,

"재미없다니요?"

하고 물었다.

스티브 킹 군은 스스럼없이 말했다.

"그녀는 다른 사람을 대화상대로 생각하지 않은 듯했어요. 일반적으로 자기 말만 하는 걸 즐기는 타입이에요. 이야기의 주제는 항상 그녀 자신이었습니다."

또 그녀는 다른 사람에 대해 험담하는 것을 좋아했다고 한다. 예를 들면, 어떤 사람의 사적인 비밀이라든지 직업적인 차별, 혹은 학력 등에 대해서 보통 사람이면 절대로 입에 담지도 않을 말을 예사로 말했다고 한다. 아마도 자신의 출신과 미모를 돋보이게 하기 위해 남을 헐뜯었을 것이다.

이 젊은 여성의 언어에는 예의도 없고 인정도 없어 보였다.

그 때문에 남성들뿐만 아니라 동료 여성들에게까지 외면을 당하고, 뛰어난 미모와 명문대까지 나온 수재인 그녀는 우울한 직장생활을 하게 되었으며 나이가 40을 바라보는데 독신생활을 하고 있었던 것이다.

대화할 때 항상 자기중심적인 말만 하는 사람들이 있다. 상대가 몇 마디만 하면 가로채어 이야기를 한다. 그것도 화제는 항상 자기중심적이다. 자기의 신상 이야기, 학교 다닐 때의 이야기 등 자기자랑만 한다. 모두들 대화 몇 분 만에 그녀를 피하고 만다.

대화 시 자기중심적으로 대화를 이끌어 가는 사람은 상대를
힘이 빠지게 한다.

# 무심코 내뱉은
# 시대착오적인 말

"이 말은 안 된다."라고 정해 놓은 금기어는 시대나 환경 변화에 따라 달라진다. 어제는 사회적으로 인정되는 말이 오늘에는 허용되지 않는 말이 있다. 방송금지용어가 그 대표적인 예이다. 법으로는 정하지 않았지만 방송 관례상 허용되지 않는 용어들이 있다. 시간대나 주제에 따라 다르지만 예전에는 허용되지 않았던 용어들이 현재는 허용되는 경우가 많다.

사람들의 가치관도 시대에 따라 변하기 마련이다.

사람은 시대나 환경에 따라 전혀 다른 가치관을 가지고 살아간다. 정치에 대한 신념, 종교적인 신앙, 문화에 대한 이해 등은 가치관에 영향을 미친다. 그런데 그 시대의 상식과 어긋난 가치관으로 인하여 무심코 내뱉은 말이 삽시간에 논란의 대상이 될 수 있다. 특히 젠더와 관계되는 말이나 종교적 신념에 대한 말은 사회적으로 큰 파장을 일으킨다.

트럼프 미국 대통령이 멕시코나 남미에서 이주해 와서 하원의 원에 당선된 의원들을 향해 본국으로 돌아가라고 말하여 큰 파장을 일으키기도 하였다.

세상은 하루가 다르게 변한다. 그리고 이런 변화를 알아차리지 못하고 무심코 내뱉은 시대착오적인 말이 문제가 되는 일이 갈수록 많아지고 있다. 따라서 자신이 믿고 있는 상식이라도 사회적으로는 용납되지 않는다는 것을 염두에 두어야 한다.

사회적인 상식은 역사적 사건 등 사회적 변화를 이끄는 요인이 되기도 한다. 지동설을 주장한 갈릴레오는 천동설을 주장한 교회로부터 탄압을 받았으며, 진화론을 주장한 다윈은 당시에는 신을 부정했다는 이유로 비판을 받았다.

결국 무엇이 비상식적이고 말실수인지는 시대의 변화와 함께 달라진다. 따라서 자신의 상식이 지금도 통용되는지, 유효 기간을 넘기지 않았는지 검토해 봐야 한다. 자신의 상식만 옳다고 믿고 함부로 말하다가는 사회적인 상식에 어긋나서 사람들을 맥 빠지게 하는 경우가 많음을 알아야 한다.

Part_5
힘이 되는 말, 힘 빠지게 하는 말

센스있는 말 한마디
**Part 06**

# 들으면 기분 좋은 말, 듣기에 거북한 말

들으면
기분
좋은 말

# 01
# 천 번 들어도
# 기분좋은 말,
# "사랑한다"

천만 번 들어도 기분 좋은 말은 "사랑한다."는 말이다. 또한 돈 안 들이고도 상대를 기분 좋게 해주는 말이 "사랑한다."는 말이다. 어떤 상황에서나 "사랑한다."는 말을 들으면 기분이 좋아진다.

세상에서 가장 슬픈 것은 남이 나를 인정해 주지 않는 것이다. 반대로 가장 행복한 것은 나를 알아주고 인정해 주는 것이다. 사랑한다는 것은 나를 알아주고, 인정해주고, 기억해 주고, 관심 가져주고, 목숨까지도 바치는 것이니 정말 듣기 좋은 말이다.

사랑 때문에 로미오와 줄리엣은 목숨을 잃었고, 사랑 때문에 타이타닉 여주인공 할머니는 값비싼 보석을 바다에 던져버렸다. 사랑의 힘이 얼마나 위대한지를 짐작할 수 있다.

사랑한다는 말을 끔찍이 듣기 좋아한 한 여자가 있었다. 그녀는 사랑한다는 말을 듣다가 공주병에 걸리고 말았다. 자신이 정말로 어느 왕의 공주인 줄 착각한 것이다. 한 남자가 말했다.

"자기, 난 자기를 사랑해."

그러자 공주병 여자가 말했다.

"어머, 저도 저를 최고로 사랑해요."

그리고는 더 멋진 남자를 찾아 그 남자를 버리고 떠났다. 그러나 공주병에 걸린 여자를 사랑하는 사람이 나타나지 않았다. 그 여자는 아무에게도 사랑받지 못하고 상심하여 나타나자 남자는 아무 거리낌없이 말했다.

"난 지금도 자기를 사랑해."

그러자 그 여자는 그 동안의 상심이 말끔히 사라지면서 용기를 내어 말했다.

"저는 지금부터 나보다 당신을 더 많이 사랑하기로 했어요."

사랑의 힘은 너무 커서 공주병에 걸린 여자를 완쾌시켜 놓았다.

"사랑한다."는 말은 사람의 기분을 기쁘게 만들 뿐만 아니라 색다른 효능을 가지고 있다. 왕족의 자질을 연구한 어떤 학자에 의하면 왕자의 자질은 정비에서 태어난 자녀들보다 후궁에서 태어난 자녀가 월등하다고 한다. 인물뿐만 아니라 재능까지도 월등히 뛰어났는데, 그 이유는 왕과 정비와는 집안을 보고 맺었지만 후궁은 인물을 보고 맺어진 사이기 때문에 사랑의 감정이 더 강했다고 한다. 이 사랑의 감정 때문에 더 우수한 2세가 태어났다는 것이다.

사랑의 힘은 이렇게 후세에게도 영향을 미쳐서 사랑하여 관계를 맺어서 낳은 후세는 사랑하지 않고 관계를 맺어서 낳은 아이보다 모든 면에서 월등히 우수하다는 것이다. 사랑의 힘은 이렇게 강한 것이다. 그래서 "사랑한다."는 말은 이 세상에서 사람들이 듣는 소리 중에서 가장 기분 좋은 말이 된 것이다.

존 베리모어(John Barrymore)는 "마음을 열면 행복이 온다."는 명언과 함께 사랑에 대해서도 다음과 같은 아름다운 말을 남겼다.

"이 지구상의 모든 음악 중 하늘 저 멀리까지 울려퍼지는 음악은 진심으로 사랑하는 마음의 고동소리다."

02
# 세상을 긍정적으로
# 보게 하는 말,
# "고맙다"

우리는 "고맙다."고 말하는 게 예의라고 배웠다. 그래서 고맙다는 말이 그저 형식적인 인사말처럼 들리기도 하지만, 이 말에는 매우 큰 힘이 있다. 디프네 로즈 킹마는 그의 저서 〈참 사랑이란〉에서 이렇게 말했다.

"고맙다는 말을 하면 남에게 무언가를 받았다는 사실을 깨닫게 된다. 또한 고맙다는 말을 자주 하면 세상을 긍정적으로 보는 눈과 인격이 생겨난다."

킹마의 말처럼 "고맙다."고 말하는 것은 어떤 선물을 받았다는 고백이다. 따라서 자신에게 나쁜 일만 생기는 게 아니라 좋은 일도 생긴다는 것을 깨닫게 되고, 세상이 자신을 결코 외면

하지 않았다는 사실을 확인하게 된다.

또한 "고맙다."는 말은, 듣는 사람에게 놀라운 영향력을 미친다. 고맙다는 말을 들으면 상대방이 자신의 노력을 알아주고 그에 대해 감사하고 있다는 사실을 알게 된다.

누구나 감사하다는 말을 듣고 싶은 욕구가 있다. 오랫동안 인간관계에 대해서 연구한 학자들은 고맙다는 말이 돈 만큼이나 큰 의욕을 불어 넣어 준다고 말한다. 미처 깨닫지 못했을 뿐 누구에게나 마찬가지일 것이다.

한편 고맙다는 말은 나중에 깊은 행동을 다시 하게 만드는 힘이 있다. 꼭 고맙다는 말을 듣고 싶어서가 아니라 자연스럽게 그런 행동을 하게 되는 것이다.

한 직원이 자신의 집에 있는 장미를 사무실로 가져와 직원들 책상에 꽂아두었다. 그랬더니 모두가 함박웃음을 지으며 "고마워요!"라고 말하더라는 것이다. 그런데 단 한 사람은 고맙다는 말을 하지 않았다. 그래서 그가 장미를 꽂아두는 것을 별로 좋아하지 않는다고 생각하였고 좋아하지 않는 일은 할 필요가 없다고 생각하여 그 사람 책상 앞에는 장미를 꽂아두지 않았다고 한다.

아다스 로데일은 〈프리벤션(Prevention)〉 잡지 최근호에서 하루에 "고맙다."는 말을 몇 번이나 하는지 세어볼 것을 제안했다. 정말 좋은 아이디어라고 생각한다.

고맙다는 말은 하면 할수록 더 많이 하고 싶어진다. 많이 할수록 당신의 삶은 행복한 삶을 영위하게 될 것이다. 고맙다는 말은 행복을 불러오는 말이기 때문이다.

고맙다는 말은 쉽게 연습할 수 있다. 왜냐하면 고맙다는 말을 자주하면 되니까 말이다.

도로 통행료를 낼 때, 직장 동료가 간식을 가져왔을 때, 따분한 주말에 친구로부터 전화가 왔을 때, 장황하게 말할 필요가 없이 그냥 "고맙다."고 말하면 된다.

## 03
# 사람을 우쭐하게
# 만드는 힘,
# 인정하는 말

19세기 미국의 작곡가 스티븐 콜린스 포스터(Stephen Collins Foster)는 〈스와니 강〉 〈켄터키 옛집〉 〈금발의 제니〉 등 세계적으로 많이 알려진 가곡을 작곡한 작곡가이다. 그가 그런 유명한 작곡가가 될 수 있었던 것은 그의 집안을 도와주는 흑인 가정부 덕분이었다.

포스터는 자신이 만든 곡에 대해서 항상 자신이 없었다. 그래서 곡을 만들면 세상에 내놓기 전에 가정부에게 들려주었다. 그러면 가정부는 귀를 기울여 들은 후 그에게 아낌없는 칭찬을 해주었다.

"이렇게 훌륭한 곡은 이 세상 어디에서도 들을 수 없을 거예요. 정말 아름다운 곡이에요."

그러면 그 칭찬에 우쭐해진 포스터는 또 곡을 만들어서 들려주었고, 가정부는 더욱 큰 칭찬으로 그의 의욕을 북돋아주었다. 그 결과 그는 전 세계 사람들이 즐겨 부르는 곡을 만드는 위대한 작곡가가 되었다. 그가 수많은 명곡을 작곡할 수 있었던 것은 가정부의 인정이 있었기 때문이다.

이 흑인 가정부는 아무런 교육도 받지 못했다. 또 음악에 대해서 아는 것도 없을 것이다. 하지만 누구에게나 타인의 인정을 받고자 하는 욕구가 있다는 것을 알 만큼 지혜로웠던 것이다.

인정에는 이렇게 사람들을 우쭐하게 만드는 힘이 있다. 이 힘은 잠재력과 가능성을 최대한 발휘하도록 북돋운다. 따라서 특히 상사나 윗사람은 부하직원이나 아랫사람을 지도하는 자리에 있다면 인간에게 잠재되어 있는 이 인정 욕구를 알고 상대를 이해하고 전폭적으로 인정해줄 수 있는 능력을 갖추어야 한다.

바로 상대방을 인정하는 것, 그리고 진심어린 말 한마디는 미운 사람까지도 자기편으로 만들 수 있는 열쇠이다.

반대로 인정받지 못하고 언제나 무시당하는 사람은 절망적인 상태에서 생활하게 된다. 그런 사람은 갈등에 빠지게 되거나 위기에 처하면 엄청난 타격을 받는다.

영국의 처칠 전 수상은 수상 재직 시 바쁜 일이 있어서 시거리에서 그만 교동신호를 위반했다. 그 때 처칠은 교통경찰에게 자신이 처칠이라고 말하면서 선처를 호소했다. 그러자 그 교통경찰은 이렇게 말하면서 거절했다.

"당신은 가짜요, 진짜 처칠 수상은 절대로 교통 위반을 하지 않소."

"처칠 수상은 절대로 교통신호를 지키지 않을 리 없습니다." 라고 인정해주는 말에 처칠 수상은 감동을 하였다. 처칠수상은 그때부터 더욱 작은 법규라도 엄격히 지켰으며 나라와 국민을 위해서 헌신적으로 일했다.

전폭적으로 인정해주는 사람이 있다는 것은 든든한 후원자가 있다는 것과 마찬가지다. 그런 사람이 있을 때 무슨 일이나 자신 있게 할 수 있게 된다. 아무리 애를 써서 일하고 따뜻한 마음을 보여도 인정할 줄 모르는 사람들이 있다. 이런 사람들은 깊은 인간관계를 맺을 수 없는 것이다.

인정한다는 것은 능력을 믿는 것이며, 말이나 행동을 올바르게 한다는 것을 믿는 것이며, 인격과 품격을 믿는다는 것이다.

센스있는 말 한마디

04

# 더 좋은 인간관계를
# 만드는 과정,
# 사과하는 말

대화를 하는 데 있어서 바탕이 되는 중요한 요소는 자존감이다. 자존감이 높지 않은 사람은 자신의 생각이나 느낌과 생각이 다른 말을 잘하며, 사과하는 말은 하기 어렵다.

사과는 자기가 잘못했다는 것을 인식할 뿐만 아니라 그 일 때문에 상대방에게 준 영향에 대해서, 손상된 상대방과의 인간관계를 긍정적인 방향으로 개선하기 위해서 하는 말이다. 다시 말해서 잘못을 인정하는 표현을 통해서 상대방의 이해나 용서를 받기 위해서 하는 말이기 때문에 자존감을 내세우면 하기 어려운 말이다.

누구든지 잘못된 행동을 할 수 있다. 잘못된 행동을 한 현재 상황에서 잘못된 것을 인정하는 것은 내 존재가 잘못되었다고 인정하는 것이 아니다.

사과는 비하가 아니고, 더 좋은 인간관계로 나아가기 위한 과정일 뿐이기 때문에 건강하고 높은 자존심을 가진 사람은 사과해야 할 상황이 오면 주저없이 사과를 한다.

사과를 못하는 가장 큰 이유는 자존심만 내세우기 때문이다. 내가 잘못했다는 것을 인정하니까 내 스스로 내 체면을 손상시키는 일이라고 생각하는데, '쉽게 자존심이 상한다는 것'은 실제 그만큼 자존심이 강하지 못하다는 것을 인정하는 것이다.

건강한 자존감이 있어야 '자존심'이라고 하는 덫에 걸리지 않게 된다. 또한 잘못했다는 생각이 들어도 사과하는 게 쉽지 않은데, 그 이유는 대화에 자존감이 걸렸기 때문이다. 또한 사과를 하면 안 받아주면 어쩌나 하는 생각도 하고 있기 때문에 사과하기가 어려운 것이다.

그러나 사과를 안 하고 그 순간을 넘겼다고 해서 마음이 편해지는 것은 아니어서 그 사람을 만날 때마다 불편해지기 쉽다. 그런 점에서 잘못을 아는 순간 사과하는 것이 좋다. 그런데 사과를 할 때 상대방도 사과를 해서 서로 사과를 하면 좋은데 오히려 더 말이 엇나가게 되는 경우가 많다.

사과의 말을 들으면 기분이 좋아지는 것은 사과의 말은 곧 '내가 잘못했다.'는 것을 인정하는 말이기 때문이다. 사람들은 잘못을 저질러 놓고 잘못을 인정하지 않고 합리화하는 경우가 많다. 따라서 사과를 한다는 것은 자신의 잘못을 솔직히 인정하는 것이므로 듣는 사람은 기분이 좋은 말이 되는 것이다.

또 하나 기분이 좋은 것은 잘못을 저지른 상대가 잘못을 인정하니까 이제부터 두 사람의 인간관계를 더욱 발전시켜 나가자는 표현이기 때문이다.

사람은 누구나 악인이나 파렴치한 사람을 제외하고는 인간관계를 갖기를 원한다. 그런 좋은 인간관계는 비록 잘못을 저지른 사람과도 계속 유지하고 싶어 한다. 상대가 사과를 함으로써 그런 인간관계를 마련할 수 있는 좋은 계기가 될 수 있기 때문에 사과의 말을 들으면 기분이 좋은 것이다.

사과의 말을 들음으로써 기분이 좋은 것은 상대가 잘못을 어떤 변명이나 합리화하지 않고 사과를 한다는 것은 상대가 그만큼 자존감이 강하며 훌륭한 인격의 소유자라고 나타내는 것이기 때문이다. 그런 품격이 높은 사람이 사과를 하여 두 사람의 인간관계를 더욱 발전하는 계기로 삼자고 말하므로 기분이 좋은 것이다.

들으면
기분
좋은 말

05
# 황홀하게 하는
# "멋있다"는 말

"멋있어요."라는 말은 사람을 특히 남성들을 가장 설레게 하
는 말이다. 남성들은 여성들을 만날 때 상대 여성으로부터 "멋
있어요."라는 말을 듣기를 은근히 바란다. 그런데 여성들은 남
성들에게 이런 말을 하는 것에 인색하다. 그래서 어지간히 멋지
게 생기지 않았으면 "멋있어요."라는 말을 하지 않는다.

"멋있어요."라는 말은 다른 사람들이 못하는 일을 했을 때,
굉장히 용기 있는 일을 했을 때 듣는 말이다. 그런 대단한 일을
한 사람에 대하여 칭찬하는 말이며 격려의 말이다. 따라서 사람
들은 그런 말을 듣고자 하는 것이다.

어느 회사의 세일즈맨이 고객을 방문하기 전에 그 고객을 담

당했던 사원으로부터 고객카드를 받았다. 그런데 그 고객에 대한 평가가 최저 다음인 F로 적혀 있었다. 그 세일즈맨은 그 고객을 방문했다. 그러자 그 고객은 회사에 대해서 불평불만을 하기 시작했다. 세일즈맨은 아무런 내색을 하지 않고, 또 반론도 하지 않고 그저 조용히 듣고만 있었다. 그러나 그 고객은 이야기를 다 끝낸 다음 그 세일즈맨에게 끝까지 다 들어줘서 고맙다고 하면서 계약을 체결했다.

그 세일즈맨은 회사에 돌아와서 그 이야기를 하자 여사원이 말했다.

"와! 멋있다!"

그 세일즈맨은 그 여사원의 진심어린 칭찬에 기분이 좋았다. 그리고 이 회사는 일할 만한 회사구나 하는 마음이 들었다.

그 밖에 들으면 기분 좋은 말로는 "그런 일을 할 사람은 당신뿐이야."라는 말이다. 이런 말을 들으면 감정이 격하게 반응한다.

한 회사 직원이 퇴근하여 아내에게 말했다.

"길에 어떤 할머니가 쭈그리고 앉아 있는데, 치매에 걸려 길을 잃은 모양이야. 너무 불쌍해 보여서 내가 업고 그 근처 집을 일일이 돌아다녀서 마침내 할머니 집을 찾았어."

"와! 자기. 잘 했어! 그런 일을 할 사람은 당신뿐이야. 정말 멋져."

여성은 남성이 자신을 이해해줄 때 힘을 얻는다. 반면에 남성은 여성이 칭찬해주면 용기를 얻는다.

"멋지다."라는 말을 들으면 가장 기분 좋은 것이다. 특히 가장 가까운 사람들로부터 들으면 더욱 기분이 좋고 살맛을 느낀다.

센스있는 말 한마디

# 01
# 특정인을 비하하는
# 용어나 말

우리가 가장 듣기 거북한 말은 사람에 따라서 다르겠지만, 특정인에 대한 욕설이나 비하하는 말일 것이다. 그런 말 중에 교양인으로서 입에도 담기 힘든 말이 있다. '쪼다, 병신(wuss), 바보(a fool), 천치(bazo)' 등으로, 이런 말은 듣기 거북함을 넘어 불쾌감을 느끼게 한다.

2010년 미국 시카고 주지사인 람 임마뉴엘은 백악관 비공개 회의에서 자신이 말하는 것과 다르게 행동하려는 진보적 활동가들을 못마땅해하며 "망할 놈의 지진아."라고 말한 적이 있다. '지진아(dunce)'란 교육이나 지능의 발달이 더딘 아이를 말한다. 특히 학습이 부진한 아이를 일컬어서 많이 사용하고 있다. 그런 사실이 보도되자, 장애인 올림픽 본부와 지적장애인 단체가 즉각 항의히였다. 낭시 미국의 장애인 숫자는 700만 명이나 되었다.

특정인을 비하하는 뜻이 포함된 용어나 상대방에 대한 존중하는 마음이 결여된 말은 사용하지 말아야 한다.

우선 장애인인 인권과 관련하여 자주 사용하는 말로 '꿀 먹은 벙어리', '벙어리 냉가슴', '눈 뜬 장님', '코끼리 만지는 격', '절름발이 영어' 같은 말이나 장애를 빗대어 부정적인 이미지를 담은 표현이 있다. 이런 말은 듣기가 거북할 뿐 아니라 말하는 사람의 품격이 깎이기에 사용하지 않는 것이 좋다. 이런 말은 가장 비호감적인 언어이다.

또 '장애를 앓고 있는' 이란 표현은 장애를 질병으로 연상시키는 까닭에, 또 '장애에도 불구하고' 같은 표현은 장애에 대한 동정 어린 시각이 담겨 있으므로 쓰지 않는 것이 좋다. 비장애인을 정상인이라고 쓰는 것도 큰 결례가 된다. 따라서 이런 말은 듣기에 거북한 말이다. 장애를 가진 사람도 시각장애인, 정신지체장애인은 지적장애인, 저능아 장애인으로 바꿔 쓰는 것이 좋다.

장애인이나 특정인에 대한 비하는 아니지만 우리가 사용하는 용어 중에 좋지 않은 의미가 들어 있는 용어가 있다. 대표적으로 몇 가지를 든다면 중년 여성을 비하하는 '여사'와 같은 표현으로, '여사'라는 말은 존칭어의 의미가 있으나 그 말에 들어 있는 뉘앙스는 중년여성을 비하하는 뜻이 포함되어 있다. 그밖에 가부장적인 표현인 '미망인', 또한 외국인을 비하하는 '용병' 같은 단어를 들 수 있다. 이런 말은 듣기에 거북하므로 피해야 한다.

어떤 특정인이나 특정 집단의 사람들을 비하하는 말은 어떤 경우에도 용납되지 않는다. 비하하는 말은 곧 그 사람의 인격을 비하하는 것이며, 한 인간을 인간으로 취급하지 않는다는 뜻이기 때문이다.

"노예에서 왕에 이르기까지 아무에게나 경멸의 말을 던지지 마라. 하찮은 벌도 침을 가지고 있고, 또 그 침을 사용할 것이다." 프랭클린의 말이다. 누구를 비하하거나 경멸하다가는 그 말의 대가를 치른다는 말이다.

## 02
# 사회로부터
# 소외당하게 하는
# 거짓말

'거짓말'은 듣기 거북한 말 중에 하나이다. 조금만 있으면 들통이 날 거짓말을 태연하게 하는 사람들이 있다. 속으로 저 말은 거짓말이라고 생각할 때는 참으로 듣기가 거북하다.

거짓말은 스펙트럼이 넓다. 미국의 심리학자 로버트 S. 펠드먼이 연구한 바에 의하면 10분 대화하는 동안에 성인의 60%가 한 번 이상의 거짓말을 하며 평균 두세 번 이상의 거짓말을 한다고 한다. 여성의 경우에는 상대를 기분 좋게 하기 위해서 하는 거짓말이 많고 남성의 경우에는 잘난 체하는 거짓말이 많다. 거짓말의 종류도 다양하다.

거짓말의 종류로는 아주 사소한 거짓말에서부터 거대한 속

임수나 사기까지  참으로 많다. 아이들의 말을 통해서 거짓말 종류를 다음 몇 가지로 분류해 볼 수 있다.


첫째, 재미있어서 장난삼아 하는 거짓말이 있다.

"늑대가 나타났다."

둘째, 남의 이목을 끌어서 자신을 돋보이게 하기 위한 거짓말이다.

"우리 아빠와 오늘 벤츠차 샀다."

(사지도 않았으면서)

셋째, 자기 방어적으로 하는 거짓말이다.

"오늘 숙제 하나도 없어요."

넷째, 상대방에게 보복하기 위한 거짓말이다.

자기를 놀리는 친구에게 "너네 집에 불났어!"

다섯째, 원하는 것을 얻기 위한 거짓말이다.

"내일 필통 안 사주면 우리 형이 너 때려준다고 했어."

여섯째, 곤란한 처지에 놓인 친구를 위한 거짓말이다.

"선생님, 제가 봤는데요. 저 아이가 안 그랬어요."


사람들이 하는 거짓말을 분석한 결과를 보면, 거짓말을 하는 첫째 이유가  필요한 것을 얻기 위해서이고, 둘째가 결속 강화를 위해서 갈등을 피하기 위한 거짓말이고, 셋째, 자존심을 지키고 자신의 능력이나 취향을 확대시키기 위한 거짓말이고, 넷째, 자기만족감을 느끼거나 남을 웃기기 위한 유형별로 분류할 수 있는데, 대부분의 거짓말은 자신의 이익을 위해서 하는 것으로 나타났다.

거짓말은 다른 사람이 알 권리를 침해하거나 다른 사람을 기만했다는 점에서 바람직하지 않은 이중적인 메시지로 전달하게 된다. 따라서 거짓말을 하게 되면 음성적인 언어와 동작 언어가 일치하지 않는 이중적인 메시지를 전달하게 되어 듣는 사람이 거짓말이라는 것을 알게 되고 듣기에 거북한 것이다.

거짓말을 하는 사람은 과장되게 웃거나 얼굴 근육이 부자연스럽게 움직인다. 상대방과 눈이 마주치는 것을 피하고 손을 입이나 코 주위, 눈으로 가져가서 가리고, 눈을 오랫동안 안 감고 있거나 자주 깜빡인다. 클린턴 대통령이 스캔들에 대해서 이야기할 때 1분 동안 26번이나 코를 만졌다는 기사를 본 적이 있다.

무엇보다도 거짓말을 하면 생각하는 것과 말하는 것이 일치하지 않으므로 자기정체성에 영향을 주게 된다. 거짓말을 하면 자존감이 점점 낮아지고, 자존감이 낮아지면 정상적인 인간관계가 어려워지게 된다. 그뿐만 아니라 거짓말은 사회적으로 용납되지 않기 때문에 사람들로부터 소외당하게 된다.

"기만, 과오 그리고 거짓말은 서까래는 썩고 벌레 먹은 채 겉만 번지르르한 큰 배와 같다. 그 배에 탄 사람들에게는 난파할 운명이 지워져 있다." 엘리아스 카네티의 말이다.

03
# 뒤에서 하기
## 좋은 '남의 말'

어떤 집단이든지 모여서 대화를 하다가 보면 남의 말을 하며, 또 남의 말을 하는 것을 즐긴다.

남의 말은 듣기 거북하다. 왜냐하면 남의 말은 대부분 쓸데 없는 말이며, 남의 말을 하면서 아까운 시간을 낭비하기 때문이다. 뿐만 아니라 남의 말을 듣다가 보면 자칫 오해를 받을 수 있는 일이 벌어져서 곤혹스러운 경우에 처해질 수도 있기 때문이다.

남의 말에도 여러 종류가 있다. 뜬소문을 말하는 루머, 추문을 말하는 스캔들, 뒷이야기를 말하는 가십 등이 있다. 이런 말은 원래 사교계의 사람들을 대상으로 하던 것인데 요즈음에는 연예계, 정계 등 가릴 것 없이 사용되고 있다.

그런데 우리는 이런 루머나 가십이 아니더라도 남의 말을 하게 된다. 인간이 모여 있는 어느 집단에서나 남의 말을 하게 된다. 문제는 남의 말이 대부분 남의 약점이나 좋지 않은 점을 말하는 데에 있는 것이다. 남을 헐뜯거나 비밀을 누설하거나, 남의 말과 행동에 대해서 나쁘게 말하는 것이 문제라는 것이다.

이런 남의 말들을 하는 사람들, 남의 약점이나 좋지 않은 점을 사람들 앞에서 말하는 것은 남을 나쁘게 말하면서 자신을 높이려는 심리가 있기 때문이다. 남의 말을 하는 사람들은 비밀을 발설하여 자신을 과시할 뿐만 아니라 무의식적으로나 의식적으로 갈등을 부추기고 싶은 심리가 있다

남의 말을 하는 것이 나쁜 것은 과장해서 말을 옮긴다는 점이다. 사실을 확인하여 사실 그대로 전하는 것이 아니라 대부분 과장해서 말을 옮긴다.

과장 한 분이 회사에 하루 안 나오면 사원들은 점심시간에 티타임 때 그 과장에 대해서 말한다.

"스나이퍼 과장이 오늘 출근 안했는데 너무 과로해서 피곤한가 봐."

"스나이퍼 과장이 출근 안했는데 몸이 아픈가 봐."

"스나이퍼 과장이 병에 걸려서 오래 살기 힘들다고 해." 하는 말로 발전하게 된다.

이게 바로 남의 말이기 때문에 이렇게 발전하게 되는 것이다.

남에 대해서 하는 말이 모두 비윤리적인 것은 아니다. 다만 비밀을 지키겠다고 해놓고 비밀을 누설하는 것은 근본적으로 비윤리적이다. 비밀은 무조건 지켜야 한다는 것은 아니다. 예를 들어서 자살이나 범죄 같은 비밀은 반드시 지키지 않아도 된다. 그러나 이런 경우에도 이 사람 저 사람에게 떠벌리는 것이 아니라 문제를 해결할 수 있는 사람에게만 이야기해야 한다.

센스있는 말 한마디

# 04
# 듣기
# 거북한 말
# 다섯 가지

다음의 다섯 가지 종류의 말은 듣기도 거북할 뿐만 아니라 대화의 상식에도 어긋나서 대화의 매너를 알고 있는 사람들은 사용하지 않는 말들이다. 따라서 이런 말은 가급적 사용하지 않도록 하는 것이 현명하다.

첫째, 종교에 관한 이야기다.

종교, 사상, 신념은 한 인간의 기본이 되는 요소이다. 따라서 사람마다 믿는 종교가 다를 수 있다. 심지어 부모 형제지간에도 다를 수 있는 것이 종교와 신념이다. 그런데 자기가 믿는 종교와 다르다고 해서 함부로 비판하거나, 자신이 무신론자라고 하여 종교를 부정적으로 평가하면 당사자는 모욕적으로 들을 수 있다. 상대의 종교나 신념을 존중하지는 못할망정 인정은 해주어야 한다. 각자 생각과 사상이 다르기 때문이다.

둘째, 재산에 관한 이야기다.

재산에 관한 이야기로 흔히 하는 말로 "저 사람은 연봉을 얼마 받지?" 하고 수군대거나 "보너스는 얼마 받지?" 하는 말들이다. 또 상대에게 직접 물어보는 경우도 있다. 이런 말은 누구나 당사자로서는 듣기 거북한 말이다.

셋째, 가족 간의 불평이나 불만이다.

불평을 늘어놓기 쉬운 가족에 대한 이야기다. 부모, 자식, 형제, 자매에 대한 불만이나 불평이 있을 수 있으나 그들에 대한 불만을 제삼자에게 늘어놓으면 상대는 듣기 거북하다. 듣는 상대는 당신의 가족애 대한 불만이나 불평이 자신과는 아무런 관계가 없기 때문에 듣기에 거북한 것이다.

넷째, 정치에 관한 이야기다.

정치에 대한 이야기는 어떤 주제보다도 사람들이 모이면 하게 되는 이야기다. 그런데 정치도 종교와 마찬가지로 개인의 가치관과 신념과 관계되므로 자칫하면 언쟁으로 비화되기 쉽다. 같은 정당이나 이념을 함께 하는 사람들이 모인 집회나 모임이 아니고서는 정치적 견해가 다르므로 이야기가 길어지면 언쟁으로 발전한다. 심지어 격투까지 벌어지는 일이 자주 있다. 따라서 정치에 대한 이야기는 상대로 하여금 듣기 거북하게 한다. 어떤 자리에서나 상대가 누구이든지 피해야 한다.

다섯째, 남에 대한 소문이나 험담이다.

험담이나 남에 대한 소문은 앞에서 언급했으므로 재차 언급하지 않는다.

05
# 지나친
# 겸손의 말

입만 열면 자기 자랑을 늘어놓는 말은 듣기가 거북하다. 대부분의 사람들은 겸손한 사람을 좋아한다. 그러나 옛말에 "지나친 겸손은 오히려 예의가 아니다."라는 말이 있듯이 겸손이 미덕이긴 하지만 지나치면 듣기 거북하다.

회사 내에서 상사가 무엇을 물으면, "제가 뭐 할 줄 아는 게 있어야지요."라고 말하는 사람이 많다. 이 말은 겸손에서 나온 말일 수도 있다. 그러나 가만히 들어보면 자기자랑이 될 수 있는 말이다.

회사에서 어떤 사람이 열심히 노력해서 좋은 결과가 나왔다. 상사들이 칭찬한다.

"참 수고 많았어. 열심히 한 덕분에 이런 좋은 결과가 온 거야."

그러면 이렇게 말하면 된다.

"저도 열심히 했지만 여러분이 도와주지 않았다면 좋은 결과를 얻기가 힘들었을 것입니다."

그런데 겸손하다는 것을 나타내려고 이렇게 말한다.

"저는 별로 한 게 없습니다. 주위에서 도와주신 덕분이지요."

이런 말은 겸손이 아니라 가식으로 보일 수도 있다.

또는 아이 돌잔치 때 상다리가 휠 정도로 음식을 차려놓고는 말한다.

"차린 것도 변변찮은데 오시라고 해서 죄송합니다."

그러면 손님 중에 "이게 변변치 않게 차린 거야? 그러면 어느 정도 차려야 되는 거야?"라는 생각이 들면서 듣기가 거북해진다.

"정성껏 준비했는데 입에 맞을지 모르겠습니다."라고 말하면 듣기가 거북하지 않았을 것이다. 이렇듯 지나친 겸손은 또한 지나친 자랑만큼 듣기 거북하게 만든다.

사실 겸손은 스스로를 깎아내리는 것이 아니라 자신을 자랑하지 않고 다른 사람을 생각하고 배려하고 존중하는 태도를 말한다. 그럼에도 사람들은 자신을 깎아내리는 것이 겸손이라고 착각하고 있다.

그런데 겸손에 대한 생각이나 해석은 나라마다 차이가 있다. 인도인은 겸손은 덕목에 들어가시만 실생활에서 거의 나타나지 않는다. 자신이 책임지고 있는 일이 잘 되면 자신의 공으로 돌린다. 따라서 자신이 하는 일이 잘 되어서 자신의 공으로 돌리기 위해 최선을 다한다.

겸손이란 나의 가치를 저평가하는 것이 아니라 왜곡하거나 과대 포장하지 않는 지혜이자 처신이다.

지나친 겸손은 더 이상 미덕이 아니다. 겸손의 본질은 자신을 깎아내리는 것이 아니라 다른 사람을 존중하고 그들로부터 배우려는 마음자세이다.

대화할 때 지나친 겸손의 말을 사용하는 것은 상대로 하여금 듣기에 거북함을 느끼게 한다는 사실을 명심할 필요가 있다.

"겸손은 윗사람에 대해서는 의무요, 대등한 사람에 대해서는 예의며, 아랫사람에 대해서는 고상함이다."

프랭클린의 말이다. 겸손에 대한 올바른 자세를 지적하였다.

센스있는 말 한마디
Part 07

품격을 높이는 말, 품격을 낮추는 말

# 사람들의
# 품격을
# 높이는 말

품격(the dignity)이란 사람 된 바탕과 성품, 또는 사람에게서 느껴지는 품위를 말하며, 품성이 있으며 기품이 있다는 것을 말한다.

다음과 같은 사람이 품격을 높이는 말을 한다.


첫째, 당당하다.

이들은 누구에게나 부끄러운 일을 하지 않으므로 당당하다. 그리하여 누구와 대화를 하든지 언제나 기합을 넣어 씩씩하게 대답하고, 대화 중 상대와의 눈싸움을 피하지 않는다. 한마디로 당당하다. 당당함에서 품격을 높이는 말이 나온다.

또한 언제나 말을 짧고 간결하게 하고, 그리고 자신의 의사를 매우 정확하게 표현한다. 핑계나 이유를 붙이지 않는 돌직구인 것이다. 이런 사람들의 말은 품격을 높여준다.

반면에 이런 사람들과 달리 습관적으로 말끝을 흐리는 사람이 있다. 상대에게 공격적으로 보이고 싶지 않거나 자신감이 없어 나오는 습관일 수도 있지만, 말끝을 흐리면 말의 가치가 손상된다. 당당하지 못한 말버릇이다.

둘째, 객관성을 유지한다.

어떤 일이나 업무를 제3자의 입장에서 바라본다. 사람이라면 자기 회사에 조금이라도 유리하게 생각하기 마련인데, 객관적이고 공정한 시각을 잃지 않는다. 이런 태도로 인해 업무와 동료들 사이에서 벌어지는 모든 일들에 이성적으로 대응할 수 있게 된다. 따라서 품격을 높이는 말을 한다.

인간관계에서 간혹 감정적인 모습을 드러내면 상대의 호감을 가질 수 있지만, 감정적 상태가 지속되면 '철이 덜 들었다.'는 평가를 받게 된다. 상대에게 믿음과 신뢰를 심어주고 싶다면 감정적인 모습은 가끔씩만 보이고 이성적인 모습은 꾸준하게 보이는 게 좋다.

셋째, 공과 사를 확실하게 구분한다.

공과 사를 구별하지 못하는 사람들이 제법 많이 있다. 흔한 예로 법인카드를 개인용도로 쉽게 사용하는 사람들이다. 큰 금액도 아니고 업무적으로 쓴 건지 개인용도로 쓴 건지 명확하게 판가름 내리기도 쉽지 않기 때문에 습관적으로 쓰는 것이다. 하지만 자기 양심의 기준에 따른다면 떳떳하지 못한 행동이고, 이러한 행동은 언제 어디서 당신의 약점이 될지 모르기 때문에 주의해야 한다.

넷째, 항상 떳떳한 자세다.

항상 어깨와 허리를 꼿꼿이 펴고 떳떳하게 걷는다. 사람이 무기력해지거나 자신감이 떨어지면 어깨와 허리가 구부정해지고 걸음걸이에는 힘이 빠지게 된다. 그런데 구부정하게 다니는 모습은 왠지 성격도 답답할 것 같은 느낌을 주게 되어 그 사람에게 믿음이나 호감을 갖지 못하게 만든다.

종합적으로 이런 요소들을 하나로 묶어서 말하면, 당당한 사람들이다. 이런 사람들의 말은 품격을 높인다. 당당한 사람들은 품격이 깎이는 말을 하지 않는다. 말은 곧 그 사람의 인격이고 품격이기 때문이다.

센스있는 말 한마디

## 02
## 자존감 있는
## 사람들의 품격을
## 높이는 말

자존심은 상대적 가치이고, 자존감은 '나' 중심적 가치이다. 심리학 박사 나다니엘 브랜든은 그의 저서 〈성공의 7번째 센스〉에서 '자존감이란 살면서 부딪히는 각종 문제를 자신이 해결할 수 있고, 행복을 누릴 가치가 있다고 믿는 것'이라고 말하였다.

그런데 우리 미국인은 다른 국가의 사람들보다 자존심은 강하지만 자존감은 자존심만큼 강하지 못하다. 자존감은 '자아존중감'으로 자신이 사랑받고 행복을 누리는 것은 당연하다고 믿는 것이다. 자신을 무가치하다고 여기는 것은 생명을 위협받고 있는 것과 다를 바 없다. 따라서 자존감이 삶에 미치는 영향이 매우 크다.

말은 나의 자존감에서 시작된다. 내 스스로가 나를 존중하지 않으면 부정적인 생각이 나를 사로잡아 저절로 부정적인 말을 하게 된다.

자존감이 있으면 어떤 일을 하다가 실패를 했을 경우에 '내가 하는 일이 뭐 잘 되는 일이 있어야지?' 하고 부정적인 생각을 하지 않고, "이번에는 실패를 했지만 나는 운이 좋으니까 잘 될 거야."라고 말한다.

자신뿐만 아니라 다른 사람에게도 "너 옷이 왜 그 모양이니?" 하고 부정적인 말을 하지 않고 "그 옷 참으로 개성 있어 보인다."라고 긍정적인 말을 한다. 자존감이 높아지면 말이 달라지고 하는 말마다 품격을 높인다.

자존감이 낮으면 사람들이 자기를 보면 수군댄다고 생각해 무엇에나 소극적이 되고 자신을 깎아내린다. 이런 사람들의 입에서는 당연히 부정적인 말이 나오고 품격을 깎는 말이 나온다.

부정적인 생각이나 말은 결코 품격을 높이는 말이 아니다. 오히려 품격을 낮추는 말이다. 따라서 자존감이 있는 사람은 부정적인 말도 하지 않으며 품격을 낮추는 말도 하지 않는다.

강단에 나와서 어떤 주제를 놓고 발표를 하라고 하면 대부분의 사람들은 발표를 제대로 하지 못한다. 이것은 말 주변이 없어서가 아니라 자존감이 없기 때문이다.

　말은 곧 자존감이다. 자존감이 높아야 품격 있는 말이 나오고, 그 품격 있는 말은 되돌아와 나 자신과 주변에 좋은 영향을 주며 품격을 높여 준다.

　반면에 자존감이 낮으면 자신도 모르게 가시 돋친 말이 튀어나와 자신과 듣는 사람 모두에게 상처를 입히게 된다. 말을 잘못하거나 자신이 한 말로 인해서 주위와 갈등이 생기거나 분란이 생기면 자존감이 있는지 그것부터 들여다보아야 한다.

　자존감이 있으면 말을 해도 품격 있는 말을 하게 되고 좋은 말만 하게 된다. 따라서 자존감이 있는 사람이 품격 있는 말을 할 줄 아는 첫 번째 조건이다.

03
# 예의를 지키는 말은 품격을 높인다

오늘날 인터넷의 발달로 대화 방식이 다양해졌다. 이메일, SNS, 카카오, 페이스북 등 자신의 의사 전달 방법이 가히 무궁무진해졌다고 해도 과언이 아니다. 그런데 이런 대화 수단은 얼굴을 마주하지 않고 자신의 의사를 표현할 수 있다는 장점이 있다. 그러나 이런 방식의 대화에서 가장 경계해야 할 것은 생각없이 아무렇게나 글을 올려서는 안 된다는 점이다. 올려진 글이 전국 어디에서나 누구나 볼 수 있게 됨으로써 사실에 입각하지 않거나 남의 허물을 지적하는 글들은 피해 당사자는 물론 주위의 사람들에게까지 많은 영향을 준다. 따라서 평소에 다음과 같은 사항에 주의해서 글을 올리면 다른 사람에게 피해를 주는 일은 없을 것이다.

첫째, 이 글이 외부에 유출되어도 문제가 없는 내용인가? 사실도 아닌 이야기를 하거나 어느 누구의 자존심을 손상시키는 일은 없는지?

둘째, 친근하다고 해서 상대를 호칭 없이 부르지는 않았는지?

셋째, 누군가를 모욕하는 글이나 상스러운 말이나 상처를 주는 말은 쓰지 않았는지?

불필요한 글이나 정보를 올리지 않으려면 '사람들이 이 글을 읽고 어떻게 생각할 것인가?'를 생각하면서 글의 내용을 다음과 같은 몇 가지를 주의하면서 올리면 된다.

첫째, 지금 올리려는 글 내용이 당신 가족이 봐도 괜찮은 내용인가?

둘째, 이 이야기로 하여금 상처받을 사람은 없는가?

셋째, 이 이야기가 세상에 어떤 영향을 미치겠는가?

무엇보다도 인터넷에 올리거나 SNS를 통해서 보내려고 하는 글을 다른 사람의 관점에서 검토하는 것이 가장 바람직스러운 방법이다. 특히 당신과 관계 있는 가족, 친구, 친지, 직장 동료 등의 입장에서 이 글을 보고 어떻게 생각할 것인가를 고려하여 글을 올리는 것이 실수와 낭패를 줄이는  비결이다.

건강한 사람은 병중에 있는 사람의 마음을 이해하기 힘들며, 젊은 사람은 나이 든 사람의 마음을, 남성은 여성의 마음을 백 퍼센트 이해하고 공감하기 힘들다. 물론 그 반대도 마찬가지다.

그러나 글을 올릴 때 이 이야기를 당신의 가족이, 친지가, 동료가, 상사가 어떻게 생각할 것인가를 생각한 다음에 올리면 적어도 다른 사람에게 상처 주는 일은 없을 것이다.

오늘날 얼굴이 보이지 않는다고 하여 인터넷에 정확하지도 않은 글이나 정보를 마구잡이로 올려 상대에게 큰 상처를 주거나 피해를 주는 일이 수없이 많다. 이런 피해를 당한 당사자들은 민사, 형사 고발조치하여 글을 올린 사람이 곤경에 처하기도 한다.  또한 이런 글을 본 사람들이 스스로 견디지 못하여 극단적인 선택을 하는 사람들이 있다. 따라서 이러한 상처를 주거나 피해를 주는 일을 하지 않기 위해서는 가까운 사람들뿐만 아니라 주위의 사람들 모두가 그 글을 본다고 생각하여 예의를 지키는 것이 글의 품위를 높이는 방법이다.

품위를 높이는 말이나 글은 결코 남에게 피해나 상처를 주지 않는다. 오히려 글을 올린 사람뿐만 아니라 보는 사람은 즐거운 마음이나 감사함을 느끼게 된다.

# 04
# 상대의 약점을
# 이해하고
# 공감하는 말

상대의 약점을 이해하고 공감하는 말을 하면 말하는 사람의 품격이 높아진다. 상대의 약점을 "그럴 수도 있다."고 이해하고 그에게 다가가서 "사람은 누구나 다 약점이 있어. 뭐 그런 걸 가지고 그래?" 하는 식으로 말하고 공감해 줄 때 상대는 기꺼이 내편이 되어 주는 것이다.

우리는 사회생활을 하면서 많은 오해 속에 살고 있다. 특히 조직생활에서 파벌이 형성되는 것도 이런 오해에서 비롯된다고 할 수 있다. 하버드 라인, 또는 텍사스 라인 등 학벌과 지연으로 나뉘어서 갈등을 일으키는 데 잘 따지고 보면 그런 라인에 들어온 사람들은 거의가 자발적으로 들어온 것이 아니라 승진을 위해서, 또는 가족을 부양하기 위해서 그 라인에 서 있게 되는 경우가 너 낳다.  따라서 반대 라인에 있는 사람들과 술자리를 하거나 허심탄회하게 이야기하다 보면 그런 상황에 대해서 이해하게 되어 공감을 나누다가 어느 새 친구가 되는 경우도 많다.

상대의 약점을 활용하지 않고  커버하는 말이 곧 품격을 높이는 말이 된다.

이것은 상대방의 약점을 이용하지 않고 커버한 대표적인 사례이다. 품격이 있는 사람은 약점 그 자체를 바라보기보다는 그 배후에 있는 그 원인을 알아내고, 그 약점에 대해서 어떤 생각을 가지고 있는지에 대해서 정확하게 파악하여 그것을 커버하여 상대를 내 편으로 만드는 것이다.

약점이 없는 사람은 없다. 누구나 한두 가지 약점을 가지고 있다. 그런데 사람들은 자신의 장점보다 약점에 신경을 쓴다. 이것은 장점은 의도하지 않아도 드러나게 마련이지만 약점은 감추고 싶어도 쉽게 감추어지지 않기 때문이다. 따라서 상대의 작은 약점이라도 잘못 건드리게 되면 크게 흥분하는 것은 그런 이유에서이다.

그러므로 우리는 상대의 약점에 대해서 지금보다도 훨씬 더

센스있는 말 한마디

신중을 기해야 한다. 드러난 약점을 단순하게 생각하고 접근하다가는 인간관계는 일시에 단절이 되고 오히려 낭패를 당하기 쉽다. 인간관계를 멀리 보고, 상대의 약점은 공략해야 할 요소가 아니라 감싸주고 커버해 주어야 할 요소로 생각해야 한다. 이것이 상대를 진정한 내편으로 만드는 길이며, 품격을 높이는 말이다.

**품격을
높이는 말**

05
따뜻한 감성이
있는 말

대화의 묘미란 자신의 감각을 상대에게 호소해 전달하는 데에 있다. 따라서 오늘날에는 젊은이들의 자극적인 감각을 적절히 구사할 줄 아는 사람이 대화에 성공할 수 있다.

감각적인 언어란 지적인 호소보다는 감정을 자극하는 말이다. 다정한 연인관계에서 말 한마디에도 사랑스러운 감정이 담겨 있는 것은 당연하다.

그런데 "야, 우리 아무 데라도 놀러가자." 하고 말한다면 어떤 상대라도 가고 싶은 충동이 일어나지 않을 것이다.

"오늘 첫 눈이 내려 우리를 축복해 주는 것 같아. 첫 눈을 맞으면서 우리 교외에 나가 볼까?" 하고 말한다면 상대는 당신의

센스있는 말 한마디

기분에 빠져들게 될 것이다.

감각이란 누구에게나 있는 것으로, 인간은 원래 단단한 것보다는 부드러운 것, 차가운 것보다는 따뜻한 것을 찾으며, 무미건조한 것보다는 감각을 자극하는 정감 있는 감각적인 언어를 좋아한다.

지적인 것보다는 감정이 앞서는 것이 인간의 속성이므로 당신이 상대와 친밀한 관계가 되기 위해서는 감각적인 언어를 사용하는 것이 효과적이다.

감각적인 언어를 잘 구사하기 위해서는 따뜻한 감성을 잃지 말아야 한다.

인간은 감성과 이성을 두루 갖추고 있다. 자기 능력을 최대한 발휘하기 위해서는 감성과 이성을 두루 사용하여야 한다. 어느 한쪽만 사용해서는 안 된다.

예전에는 이성을 앞세웠으며, 이성이 사회생활에 걸쳐서 지배했다. 그러나 이제는 감성을 중시하는 움직임이 일어나고 있다. 소비자의 마음을 사로잡는 데에도 감성을 이용하는 감성비지니스가 우선시되고 있다.

감성에 입각한 감각적인 언어는 대화의 품격을 높여 준다. 친밀도를 높여 주며 대화 자체가 따뜻해지기 때문이다.

이성적인 대화를 할 때는 논리적으로 분석하기 때문에 우뇌가 긴장 상태에 놓인다. 감각적인 대화를 나눌 때는 주로 좌뇌가 활동하기 때문에 우뇌는 휴식을 취할 수 있다. 감각적인 대화를 나누면 편안하고 따뜻한 느낌이 드는 것도 이 때문이다.

논리적으로 말했음에도 불구하고 상대가 설득당하지 않으면 감성적인 면이 부족하기 때문일 수도 있다.

감각적인 대화를 하려면 감성적인 마인드를 지녀야 한다. 주변을 관찰하고 당신이 뭔가를 좋아한다면 왜 그것을 좋아하는지 그 이유를 설명해보고, 자연의 아름다움을 감상할 수 있는 여유를 즐겨야 한다.

인간은 아무리 이성적인 척해도 감성적인 동물이다. 따라서 이성적인 차가운 사람보다는 따뜻한 감성을 지닌 사람에게 이끌릴 수밖에 없다.

감성적인 언어, 감각적인 언어를 사용하면 자신의 품위를 높이게 된다.

품격을
낮추는 말

# 01
# 남을
# 헐뜯는 말

다른 사람의 결점을 아주 잘 찾아내어서 그 결점을 바로 지적하기를 좋아하는 사람들이 있다. 특히 어떤 조직에서나 한두 사람이 있기 마련이다.

"그는 대화해 보니까 좋은 사람인 것 같은데, 첫 인상이 안 좋아."

"저 사람 보기에는 명랑하고 밝아 보이는데 자란 과정에 뭔가 문제가 있는 것 같아."

그들의 말투에는 항상 '~지만'이라는 말이 꼬리처럼 따라붙는다. 처음에는 칭찬하다가 그 다음에는 헐뜯는다.

"저 사람 인상은 좋은데 성격은 거칠어." 식으로 칭찬하는 말과 동시에 헐뜯는 말이 섞여 있다.

이런 사람은 항상 어떤 상황에서든 상대의 결점을 찾아내는 것이 습관처럼 되어 있다. 그런데 그런 습관은 열등감에서 생긴 것이다.

그런 사람은 남을 헐뜯는 일에 도사가 되었다. 그래서 하루라도 남을 헐뜯지 않으면 불안해서 견딜 수가 없다. 그리하여 갈수록 남의 장점에 대해서는 무감각해진다.

그러나 품격 있는 말을 하는 사람은 남을 헐뜯지 않는다. 왜냐하면 남을 헐뜯는 말이 곧 자신의 품격을 낮추는 말이기 때문이다. 남의 단점을 찾아 헐뜯는 말 자체가 품격을 깎아내리는 말이다.

인간관계에서 성공한 사람들은 적극적으로 남의 결점을 찾는 것이 아니라 장점을 찾아내기 때문에 그들로부터 호감을 얻고, 그들을 자기편으로 만들며, 품격이 있는 사람이라는 평을 듣는다.

예를 들어서 처음 만난 사람에게서도 그의 결점이 아니라 장점을 찾아서 얘기해줌으로써 좋은 인상을 주면, 그 만남이 더욱 의미가 있어지고 관계가 지속된다.

남의 장점을 찾는 사람은 자신을 지키려고 편견에 사로잡히지도 않고 남의 장점을 받아들이는 데에 노력을 기울인다. 남의 단점은 외면하고 장점을 발견하여 장점을 말함으로써 자신의 품격이 높아진다.

품격을
낮추는 말

## 02
# 예의에 어긋난
# 무례한 언어

어느 날 커피숍에서 친구를 기다리고 있을 때의 일이다. 옆자리에 앉은 젊은 여자 두 사람이 커피를 마시면서 하는 이야기를 우연히 듣게 되었는데, 필자는 몹시 놀랄 수밖에 없었다.

"정말 싫어졌어."

"그 자식, 바보 같은 소리만 하고서……."

"그런 자식은 정말 저질이야. 이제 그만 둘래."

"그렇지만 조금은 멋쟁이잖아?"

"그런 자식은 그래도 나와는 아무 관계없어."

대충 이런 대화였다.

이런 언어를 사용하는 사람에 대해서 사람들은 어떤 생각을 하겠는가? 결코 좋은 감정이 들지는 않을 것은 분명하다. 이런 말은 자신의 품격을 깎아내리는 결과로 이어진다. 그 말을 들은 사람은 그의 품격을 의심하기 때문이다.

상대가 그런 말을 하는 사람에 대해서 매우 걱정을 하고 있는 순간에도 자기는 아무렇지도 않은 듯 태연하게 말하고 있는 것이다.

사람의 운명이나 태어난 환경, 부모의 사회적 지위, 또는 직업 등으로 사람을 구분해 보는 사람도 있다.

그런데 사람들 중에는 태어날 때부터 신체에 단점을 가지고 있는 사람도 있다. 이런 사람들 대부분은 자신의 탓이 아니다. 어떤 의미에서는 운명적인 현실이다. 그러므로 사려 깊은 사람은 이러한 부분에 대해서는 화제로 삼지 않는다.

그러나 분별력이 없으며 품격이 모자라는 사람들 중에는 이런 것에만 신경 쓰는 사람도 있다. 이들은 다른 사람과 이야기 할 때, 타인의 핸디캡을 화제 삼아 이야기하는 것을 하나의 즐거움으로 여긴다.

인기 연예인 중에서도 언어를 가리지 않고 쓰는 사람들이 있다. 당장의 인기가 자신의 결점을 가려줄 수는 있겠지만, 이런 사람의 인기는 금방 식어버릴 게 뻔하다. 하물며 일반인의 입장에서는 더욱 조심해야 할 부분이다.

커뮤니케이션에 능숙한 사람은  이린 무례한 언어를 절대로 사용하지 않는다. 같은 뜻을 나타내는 말이라도 억양에 따라서 받아들이는 상대의 생각이 달라질 수 있는 언어이다.

커뮤니케이션에 능숙한 사람들은 가급적 상대가 느낌이 좋게 받아들일 수 있는 말을 사용한다. 그런 말은 곧 품격을 높여준다.

03
섣부르게
판단해서 하는 말

"말하기 전에   다시 생각해 보라. 그리고는 그 말을 자신에게 해 보라." E.하버드의 말이다. 말을 할 때 신중하게 말하라는 뜻으로 그 말을 자신에게 했을 때 좋게 받아들일 수 있는지 판단해 보고 말하라는 것이다.

사람은 누구나 주관을 가지고 있으므로 어떤 사안이나 사람에 대해서 나름대로 평가를 내리게 된다. 상대방에게 좋게 혹은 나쁘게 평가하는 것은 그에게 좋은 인상을 받았거나 혹은 반대로 좋지 않은 인상을 받았다는 의미로 해석된다. 하지만 좋은 평가이든 나쁜 평가이든 누군가에 대해서 평가를 하지 않는 것이 바람직하다.

말을 재미있게 하기 위해서 의욕이 넘쳐 살도 붙이고 과장도 한다. 때로는 나를 돋보이게 하려고 남을 깎아내릴 수도 있다. 그런 번드레한 화술에 익숙하다 보니 말에 담아야 할 진심보다는 자극적이고 거친 표현을 하게 된다. 그리고 어느 순간에 자신의 의도를 강하게 표현하기 위해서 부정적인 표현도 동원하게 된다. 거침이 없는 자신의 화술에 감탄하여 상대방을 현혹하는 화려하고 자극적인 말의 잔치를 벌이기도 한다.

그러나 이렇게 마음껏 대화를 한 후에 뒤돌아서서 후회를 하는 것은 말을 많이 하지 못해서가 아니라 말을 너무 많이 했기 때문이다.

뉴욕 어느 주택에 사는 한 부인이 옆집에 사는 부인을 찾아가서 말한다.

"우리 옆집에 사는 누구 엄마 있잖아요? 글쎄 나를 수다쟁이라고 떠들고 다녀요."

"왜요?"

"글쎄, 내가 얼마 전에 그 엄마를 만나서 직장에 다니니까 그런지 몰라도 그 집 애들이 하고 다니는 모양이 누추해서 누가 보면 집 없는 아이인 줄로 착각하겠으니 애들을 좀 씻겨주라고 했거든요. 나는 생각해서 한 말인데 글쎄 화를 내더니 동네방네

돌아다니면서 내가 수다쟁이라고 욕하고 다녀요."

이 부인은 인간관계에 대해서 전혀 모르고 남을 판단한 것이다.

"우리에게는 우리가 이해하지 못하는 것을 판단할 권리가 없다." 앙리 F.아미엘의 말이다.

우리에게는 아무나 판단할 권리가 없으므로 사람을 함부로 판단하지 말라는 뜻이다. 그 사람을 판단했을 때는 그 사람은 이미 변해 있을 수도 있고, 판단이 그 사람의 의도를 잘못 해석한 데서 생긴 일일 수도 있기 때문이다. 이처럼 남을 판단하는 사람의 눈과 판단이 언제나 옳을 수는 없기 때문에 항상 조심해야 한다.

말을 많이 하다가 보면 해야 할 말보다는 안 해도 좋은 말이 많아진다. "너무 많은 말은 언제나 그 목적을 파괴한다." 아서 쇼펜하우어의 말이다. 말을 많이 하다가 보면 어느 순간 자신이 의도했든 아니든 누군가를 헐뜯고 불평하는 부정적인 말을 늘어놓게 된다. 아차! 하는 순간 입을 다물어도 말은 이미 당신 입을 떠난 뒤일 뿐이다. 들을 때는 상대방이 재미있게 들었을지 몰라도 헤어지면 그 역시 지금까지와는 달리 당신에 대해 부정적인 평가를 내릴 지도 모른다.

누군가를 늘 칭찬하고 긍정적으로 말하는 사람은 그 사람 역시 사람들로부터 호의적인 평을 받게 된다. 하지만 늘 불평하고 부정적인 말만 하는 사람은 이상하게도 다른 사람에게 부담을 주고 자신의 품격이 깎이는 말만 한다.

다른 사람에 대해서 섣부른 판단을 하고 부정적인 말을 하는 것은 품격을 낮추는 말이 된다.

품격을
낮추는 말

04
상대의
단점만 보고
비난하는 말

사람을 만나면 늘 장점을 찾아주고 칭찬해 주려는 사람이 있는가 하면, 또 어떤 사람들은 늘 단점을 꺼내 비난하기 바쁘다. 단점만 찾는 사람들은 부정적인 생각을 많이 하기 때문에  누구든지 그 사람과  미래를 함께 할 수 없다.

같은 사물을 똑같은 조건에서 바라보더라도 나쁜 면만 바라보는 사람들은 주위 사람들을 자신과 똑같이 부정적인 생각을 하도록 한다. 품위 있는 말을 하는 사람들은 긍정적인 사고를 많이 하고 주변 사람들에게 해피 바이러스를 전한다.

반면에 자신만 유일하게 무엇을 알고 있는 듯 다른 사람들을 무시하는 말투로 "무슨 말인지 알아듣겠어요?"라는 말을 건넨다. 이것은 마치 훈계조로 들린다. 이런 사람들은 오히려 과시욕만 있을 뿐 내실이나 내공이 부족한 사람들이다. 진정으로 내공이 강한 사람들은 상대방을 비하하는 말투를 쓰지 않는다.

인간관계에서 주로 사용하는 말들을 살펴보면 부적절한 반말을 툭툭 던지는 경우에도 기분이 나쁠 수 있으며, 어느 정도 친분이 있는데도 극존칭을 계속 사용한다면 그것이 때로는 적대감, 경계심, 경멸을 나타내기도 하기 때문에 기분이 나쁠 수도 있다. 말은 의사소통을 하는 두 사람이 심리적 거리를 재는 척도이기 때문에 항상 시의적절해야 한다.

늘 난폭한 말을 하거나 욕설을 하는 사람은 역시 내면에 강한 콤플렉스가 있거나 인격 수양이 덜 된 품위가 떨어지는 사람들이다. 가까운 사이라도 막말을 하거나 욕설을 하는 사람들 중에 다른 사람들에게는 정중하고 예의바른 척 행동하는 사람들이 많다. 그런 이중인격은 드러나기 마련이다.

말하는 태도나 방식을 통해서 말하는 사람의 품위가 높아지기도 하고 또는 실추되기도 한다.

아무리 외모가 아름답고 매력적인 여성이라 할지라도 생각이나 인격을 대변해주는 말이나 행동이 이를 따라주지 않으면, 외모만 매력적일 뿐 교양이나 지성미가 없어 보인다. 이것은 남성에게도 마찬가지다. 다시 말해 그런 사람을 두고 품위가 있다고 말할 수는 없다.

말의 껍질 속에 숨어 있는 품위는 애써 만들려고 해도 저절로 되는 것은 아니다. 아름다운 꽃향기가 주위를 환하게 하듯이 꽃향기를 전해줄 수 있는 사람이 되어야 한다. 말에는 그 사람의 품위가 들어 있다.

상대방의 단점만 보고 그 단점을 지적하거나 다른 사람에게 전하는 것은 품위를 떨어뜨리는 행위이다.

품격을
낮추는 말

05
# 생각 없이
# 내뱉는 말이
# 품격을 낮춘다

뉴욕 맨해튼 거리에 있는 어느 증권회사에서 일어난 일이다. 정년퇴직이 얼마 남지 않은 어느 고위간부가 인사이동을 통해 한직을 맡게 되었다. 그 동안 그는 중책을 맡아 밤낮을 가리지 않고 회사 일에 몰두했다. 그러는 과정에 바빠서 지인들을 만나지 못하고 지냈다. 심지어 그는 휴가도 잊은 채 열심히 일을 했다. 회사 사람들이 그를 '일 중독자'라는 별명을 붙였다. 그 결과 그는 어느 누구보다 고속으로 승진하여 오늘의 높은 지위에까지 도달하게 된 것이다.

그는 한직에 와서부터 여유가 생겨 그동안 만나고 싶었던 여러 지인들을 만나고 다녔다. 그런데 어느 날 한 지인을 만나서

센스있는 말 한마디

여러 가지 대화를 하던 중 그 지인이 그에게 물었다.

"정년이 얼마 남았지요?"

"한 1년 정도 남았지요."

그러자 그 지인이 말했다.

"여유가 생겨서 좋겠네요. 이제 좀 쉬세요. 가족들과 함께 해외여행도 다니면서요……."

쉴 수 있는 여유가 생겨서 좋지 않으냐 하는 취지로 지인은 말한 것이다. 그러나 그는 그 말을 듣고 너무나 마음이 아팠다. 아직도 일을 충분히 할 수 있는 정력이 남아 있다고 생각하고 있는데 정년퇴직이라니……. 너무 아쉬워하고 있었는데 여유가 생겨서 좋겠다고 한 지인의 말에 너무 상처가 컸다. 그 지인은 위로하느라고 한 말이 오히려 그를 섭섭하게 한 것이다. 그는 그 다음부터 그 지인과의 모든 관계를 끊어버렸다.

지인은 악의 없이 한 말이지만, 말 그대로 '생각 없이 내뱉은 말'이지만 듣는 사람에게는 섭섭하게 들리며 상처가 될 수 있다.

이렇게 생각 없이 내뱉는 말이 상대에게 상처를 주며 자신의 품격을 깎이게 하는 경우가 있다. 따라서 말 한마디를 할 때에도 이 말이 상대에게 상처를 줄 수 있지는 않은지를 고려하고 말해야 한다.

우리가 흔히 겪는 또 하나의 이야기로 지인이 병으로 입원해 있을 경우다. 특히 그 지인이 나이가 낮은 노인인 경우, 보통 이렇게 위로하는 사람들도 있다.

　"그 동안 오랫동안 너무 고생하셨으니 이제 그만 돌아가시는 게 좋겠어요."

　이렇게 생각 없이 한 말 한마디가 상대에게 깊은 상처를 주고 자신의 품격 또한 깎이면서 두 사람과의 관계가 회복될 수 없는 큰 흠집을 남긴다.

# 자신의 가치를 높여 주는 센스 있는 말 한마디

　현대 사회에서 가장 심각한 문제 중 하나가 대화의 상실, 대화의 부재이다. 기업에서나 조직에서 심지어 가정에서조차 대화가 없다. 상사나 동료 간에, 부모와 자식 간에도 대화가 없다.

　그래서 어떤 갈등이 일어나면 그것을 대화로 풀려고 노력하지 않는다. 수많은 말들이 허공에 떠돌고 난무하지만 그것은 모두 메아리가 되어 자신에게 돌아올 뿐 상대의 가슴에 와 닿지 않는다. 그들은 자신의 주장만 내세울 뿐 상대방 이야기는 전혀 들으려고 하지 않는다. 들을 줄 모르고 말할 줄만 알며, 말을 해도 상대가 이해하고 공감할 수 있는 대화를 할 줄 모른다. 이것이 결국 욕설과 폭력을 불러일으키는 원인이 된다.

　오늘날 사회적인 문제의 또 하나는 막말, 비방, 욕설 등 언어폭력이 심하다는 사실이다. 눈, 페이스북 등 얼굴을 나타내지 않는 무기를 통해서 무차별로 인신공격을 하고 있으며, 근거 없는 낭설로 상처를 주고 있다. 무엇보다도 말 한마디의 중요성을 깨닫게 하는 시대가 되었다.

이렇듯 언어는 교육적인 측면에서나 현실 사회생활에서 매우 중요한 의미를 갖는다. 올바른 대화법을 익히는 것은 단순한 의사표현이나 의사전달 방법을 배우는 것이 아니라 올바른 가치관을 형성하고 더 나아가 건전한 인격과 품격을 높이는 데에 중요한 역할을 한다.

우리 옛말에 "세 치 혀가 사람을 죽이기도 하고 살리기도 한다."고 했다. 말 한마디가 그만큼 중요하며 가치가 있다는 것이다.

직원이 어떤 프로젝트를 맡아 '이 일이 잘못되면 어떻게 하지?' 하는 생각에 불안하고 초조한 마음으로 일하고 있을 때 "걱정하지 말고 해. 잘못되면 내가 모든 것을 책임질게." 하는 격려의 한마디는 부하로 하여금 용기를 갖게 하고 더 나아가서 상사를 절대적으로 신임하게 만든다. 이렇게 센스 있는 말 한마디는 부하를 살리기도 하면서 상사인 자신의 가치를 높여주기도 한다.

현대 사회를 '대화의 시대'라고 한다. 말은 더 이상 단순한 의사 전달을 넘어 말하는 사람의 감정과 사상을 나타내며, 그 사람의 인격과 품격, 더 나아가 그 사람의 가치를 결정한다. 뿐만 아니라 성공을 꿈꾸는 젊은이에게 중요한 무기가 되었다.

오늘날 막말, 욕설, 언어폭력이 난무한 세상에서 인간에게 기쁨과 희망과 용기를 주는 센스 있는 말 한마디는 인간관계에서도 매우 중요하다.

따라서 본서가 올바른 인간관계 형성과 많은 관계를 맺음 속에서 자신의 가치뿐만 아니라 상대의 품격을 높여주고 업그레이드 시키며 더 나아가 성공을 꿈꾸는 젊은이들에게 유용한 화술 지침서가 될 것으로 믿는다.

본서의 저자 브루스 패튼 박사는 말 한마디의 중요성을 깨닫고 어떻게 하면 센스 있고, 품위 있는 말을 하여 호감을 얻어 원하는 것을 이룰 수 있는가를 제시했다. 본서를 통해서 독자들이 센스 있고, 품위 있는 말을 하여 행복한 인간관계를 만들어 인생을 성공적으로 보내기를 바라는 마음 간절하다.

본서는 독자들의 이해를 돕기 위해 한국 현실에 맞게 편역되었음을 알린다.

편역자 김주영